职业院校铁道运输类专业系列教材

铁路客运服务礼仪

主　编　赵　静　刘志强

副主编　张巧霞　蒋晓茹

参　编　刘文静　阿尔曼·阿地力　韩　潇　朱成翔

机械工业出版社

本书以培养学生职业素养和职业能力为主线，突出体现"铁路客运服务礼仪"课程的系统性、针对性、应用性与专业性。

全书共七章，主要内容包括服务礼仪概述、服务素养与职业道德、仪容仪表礼仪、仪态礼仪、沟通礼仪、交往礼仪、铁路客运主要岗位服务礼仪。通过本书的学习，学生不仅可以学习到服务礼仪的具体内容，掌握为乘客服务的基本技能，还可以掌握人际交往的一般规律与技巧，提升职业素养，为未来发展奠定坚实基础。

本书可作为职业院校铁道运输类专业的教材，也可作为铁路运输企业的员工培训教材，还可作为铁路各级管理人员的参考书。

本书配有电子课件、习题等资源，凡使用本书作为教材的教师可登录机械工业出版社教育服务网www.cmpedu.com注册后下载。咨询电话：010-88379534；微信号：jjj88379534；公众号：CMP-DGJN。

图书在版编目（CIP）数据

铁路客运服务礼仪 / 赵静, 刘志强主编. -- 北京：机械工业出版社, 2025. 2. -- ISBN 978-7-111-77986-5

Ⅰ. U293.3

中国国家版本馆 CIP 数据核字第 2025ZL3239 号

机械工业出版社（北京市百万庄大街22号　邮政编码100037）

策划编辑：张雁茹　　　　　　责任编辑：张雁茹　章承林
责任校对：韩佳欣　张　薇　　封面设计：张　静
责任印制：单爱军

北京盛通数码印刷有限公司印刷

2025年5月第1版第1次印刷

184mm×260mm・6.75印张・153千字

标准书号：ISBN 978-7-111-77986-5

定价：35.00元

电话服务　　　　　　　　　　网络服务

客服电话：010-88361066　　机 工 官 网：www.cmpbook.com
　　　　　010-88379833　　机 工 官 博：weibo.com/cmp1952
　　　　　010-68326294　　金 书 网：www.golden-book.com
封底无防伪标均为盗版　　机工教育服务网：www.cmpedu.com

前 言

随着我国铁路事业的迅速发展，铁路旅客运输在运输市场中发挥着重要作用。提升客运服务质量、提高乘客满意度是铁路运输企业树立良好形象的有效途径，铁路客运服务人员学习服务礼仪知识和技能、塑造良好的职业形象、提升服务技能是提高服务水平和服务质量的重要手段。

本教材全面贯彻党的二十大精神，依据教育部最近颁布的《铁道交通运营管理专业教学标准》，以及全国铁道教育教学指导委员会编制的《高速铁路客运服务专业教学标准》编写。教材内容对接铁路客运服务工作主要工种的服务内容、服务规范与服务标准，符合铁路人才培养的要求。本教材具有以下几方面的特点。

1）本教材旨在培养学生"以人为本"的服务理念。客运服务人员只有具备良好的道德素养，全心全意为乘客着想，才能为乘客提供优质服务。因此，本教材强调培养客运服务人员树立正确的人生观、价值观，致力于引导客运服务人员养成遵纪守法、爱岗敬业、无私奉献、热爱劳动、勇于创新的职业能力和职业精神，以更好地服务于社会和公众。

2）本教材体系完整。本教材结合当前铁路客运服务发展的需要，确定了铁路客运服务人员的培训体系，体现了"铁路客运服务礼仪"课程的系统性、针对性、应用性与专业性。

3）本教材注重客运服务人员的成长。本教材关注客运服务人员应具备的服务意识、服务素养、服务形象、服务语言、服务礼仪、服务技巧和服务能力等职业素养的提升。

4）本教材突出"教""学""练"的结合。本教材每章根据实际内容都附有"复习思考题"或"实训任务""情景模拟"的练习，通过实训与客运服务情景模拟练习，可以提高学生对服务礼仪知识的应用能力。

5）本教材注重数字资源建设。为了增强教学效果，增加纸质教材附加价值，本教材的数字资源主要包括电子课件、习题、课程标准、知识点动画、微课等内容。本教材数字资源的建设，从多角度对教材内容进行了拓展，并实现了教材立体化，同时也满足了广大师生的实际需求。

本教材由新疆铁道职业技术学院的赵静和刘志强担任主编，张巧霞、蒋晓茹担任副主编。教材编写工作具体分工如下：赵静负责编写第一章、第二章；张巧霞负责编写第三章、第四章；刘文静负责编写第五章；韩潇、蒋晓茹负责编写第六章，阿尔曼·阿地力、朱成翔负责编写第七章；刘志强、张巧霞、蒋晓茹负责教材编写相关事宜及统稿；中国铁路乌鲁木齐局集团公司乌鲁木齐站鄯善北站党支部书记朱成翔提供教材编写过程中的规章咨询。

由于编者水平有限，书中难免有疏漏之处，恳请广大读者批评指正。

编 者

二维码清单

目 录

第一章

服务礼仪概述

【学习目标】

知识目标：理解并掌握服务的含义，更好地提高服务工作的自觉性。

能力目标：能将优质服务的原则和标准应用于服务工作。

素养目标：培养"以乘客为中心"的服务理念，具备良好的服务意识。

为了给乘客提供积极、主动、优质的服务，我们更应当明确服务的含义：服务就是在满足乘客需要的过程中，让乘客感到受重视，尊重是服务的基础，服务就是以客为尊；服务就是给予，就是帮助，就是付出。对服务含义的理解与掌握，以及对优质服务的原则与标准的理解与掌握，可以大大提高服务工作的自觉性和服务工作的质量。礼仪是在与乘客交往过程中，表达对对方尊重和友好的行为规范，是"以客为尊"服务理念的具体体现，也是优质服务的重要组成部分。掌握服务礼仪的内容，可以提升客运服务人员的服务品质，赢得乘客的满意。

第一节　服务概述

扫码看视频

一、服务的含义

要提高客运服务水准，首先必须明确客运服务的内涵。由于铁路客运企业的产品（乘客的位移）与一般产品有较大的区别，其内涵也不同于一般产品。根据乘客运输的特点，在乘客旅途的全过程中，为乘客提供安全、舒适和便捷的服务，最大限度地满足乘客的旅途需求，是客运服务的重要内涵。乘客运输服务就是在售票、候车、乘降、旅途中为乘客提供服务的过程。

业界通常将英文单词 Service（服务）的七个字母拆分开来，并分别赋予特定意义，以此定义服务。此种对服务的解释更具体化，更具操作性。

1）"S"表示微笑待客（Smile for everyone）。

员工要给顾客真诚的微笑。因为微笑是最生动、最简洁、最直接的欢迎词。

2）"E"表示精通业务（Excellence in everything you do）。

要求员工对工作的每一方面都应做到精通并完美无缺，要不断地丰富自己的知识，做到一专多能，服务时才能游刃有余。

3）"R"表示对顾客亲切友善（Reaching out every customer with hospitality）。

做服务就是做人际关系，要想与顾客保持友善的关系，就必须以友善的方式对待顾客，也就是时时处处尊重对方。尊重对方说到底是爱心的付出，必须有尊重对方的心，才能对顾客亲切友善。

4）"V"表示把每一位顾客视为贵宾（Viewing every customer as special）。

每位顾客都有被重视的需要。服务意识中绝不能有高低贵贱之分。我们始终要有这样的认识：服务对象人人平等，顾客就是上帝。

5）"I"表示邀请每一位顾客再度光临（Inviting your customer to return）。

每次为顾客服务即将结束时，员工都要发自内心并通过适当的体态语言邀请顾客再次光临，以便给顾客留下深刻而美好的印象。

6）"C"表示要为顾客营造一个温馨的服务环境（Creating a warm atmosphere）。

这一点是强调服务环境的布置，服务过程中的节奏和谐、态度友善等。

7）"E"表示用眼神表达对顾客的关心（Eye contact that shows we care）。

眼睛是心灵的窗户，要赢得顾客的心，目光交流是格外重要的。

如果在实际工作中能做到以上七个方面，就是一位优秀的服务者，顾客就会享受到真正的服务。在此过程中，随着服务能力的提升，你将变得善于观察，能预测顾客的需求并及时提供服务，甚至在顾客未提出要求之前，就能替顾客想到，使顾客倍感亲切，这就是服务意识。

二、服务的特征

服务的过程包括两方：一方是服务方；另一方是被服务方。服务方是根据被服务方的意愿提供服务活动的一方，处于服务过程中的被支配地位；被服务方是提出服务要求，要求服务方满足的一方，处于服务过程中的支配地位。服务的生产过程实质上是带有交换性质的服务过程。服务作为一种特定的产品，与一般产品相比具有以下几个特征。

1. 服务具有无形性

服务的无形性是指服务与有形的实体产品相比，其特质及组成元素是无形无质的，同时又表现为生产与消费的同时性。也就是说，服务的生产和消费大都是同时进行的，服务的生产过程同时也是服务的消费过程。服务过程只可以感觉，却不具有可视性。消费者关注的不仅是有形的物质产品，而且更加注重作为产品有机组成部分的无形服务，而服务质量很大程度上依靠服务人员的表现来实现。无形性是服务最基本的特征，其他特征由此特征派生出来。

2. 服务的标准是有差异的

服务在生活中没有统一的标准，是可以变化的，这就是服务的差异性。服务的差异性是指服务的构成成分及质量水平经常变化，很难控制。服务行业是以"人"为中心的产业，服务虽然有一定的标准，但会因人、因时、因地而表现出差异性。例如，有经验的员工与没有经验的员工提供给客人的服务相差很大，有服务热情的员工与缺乏服务热情的员工提供的服务也不一样，同一位员工受到激励时的服务效果和缺乏激励时的服务效果也不一样。

3. 服务是不可储存的

服务的不可储存性是指服务不像有形的产品那样可以储存起来，以备将来出售或消费。服务产品的无形性、生产和消费的不可分离性，使服务不可能像实物产品一样被储存，只能在生产的同时被即时消费。例如，铁路列车服务是有形的实物产品和无形的服务活动构成的集合体，对乘客的服务是一种"真实活动"，而真实活动是无法储存的。

4. 服务的质量测评是复杂的

实物的产品由于具有实体性特点，可以按照统一的工艺流程进行生产，按照统一的技术标准进行质量测评，而测评无形的、不能储存的服务产品的质量无疑要复杂得多，服务企业也很难通过标准化管理保证服务产品的质量。此外，服务还是满足他人需求的行为，或者说是为他人提供需要的活动，而不是满足自身需要的活动。

三、服务工作的内容

保证乘客运输服务的质量是服务工作的主要内容。由于服务产品的生产过程也是产品的消费过程，其产品的质量很难像其他产品那样既可对最终产品进行检验控制，也可对生产过程加以控制。因此，必须在乘客运输过程中的各个环节提供必需的、周到的服务，确保服务产品的质量。

1）建立完善客票预订发售系统、车站服务工作系统、动车组列车服务工作系统、餐车服务工作系统，以及铁路客户服务系统等乘客服务系统。

2）制定服务作业标准，中国国家铁路集团有限公司制定了《铁路旅客运输服务质量规范》，明确了服务工作的内容和质量要求。

3）宣传、贯彻和执行标准化作业，确保服务工作的质量。

四、优质服务的内涵

1. 优质服务组成

优质服务的基础是由服务态度、服务知识和服务技能三个方面组成的。其中尤以服务态度最为重要，服务态度的标准就是热情、主动、耐心、周到、谦恭，其核心就是对乘客的尊重与友好。客运工作人员在外表形象上要衣冠整洁，讲究仪表仪容，注意服饰发型，要给乘客以端庄、大方的印象；在语言上要讲究语言艺术，谈吐得体，谦虚委婉，注意语气语调，应对自然；在行动上要举止文明，彬彬有礼，动作幅度不要太大，动作要轻，坐、立、行都要有正确的姿势，注意克服易引起客人反感的无意识小动作；在态度上要不卑不亢，真诚自然，力戒矫揉造作，要具备保持微笑的职业本能和习惯。

2. 优质服务条件

1）头脑：掌握最新的服务知识，懂得基本的沟通技巧。

2）耳朵：留心聆听乘客的诉求。

3）眼睛：主动留意、观察，及时发现乘客需求和工作中存在的瑕疵。

4）口才：积极主动与乘客进行沟通交流。

5）内心：发自肺腑地为乘客提供优质、温馨的服务，急乘客所急、想乘客所想，主动为乘客解决困难。

6）肢体：积极主动地帮助乘客解决困难和需求。

五、服务意识的培养

1. 重视服务意识

服务乘客的意识应牢牢扎根于铁路客运系统的每一位成员心中，首先客运服务人员要克服服务业就是"伺候人的行业"这种旧观念；其次客运服务人员要正确认识服务业是一个用心来做的行业，客运服务人员的投入程度直接影响服务的质量。客运服务人员的敬业精神和不卑不亢的态度可以带给乘客良好的感受，从而提高企业的形象。

在铁路乘客运输这个以服务为导向的工作中，对服务意识的强调，应超出原有的"微笑服务""关怀服务"等范畴，不仅要能够设身处地为乘客着想，还要把乘客当作事业伙伴，当作是一起来实现共同目标的同道中人。服务意识不强，服务工作跟不上去，铁路运输企业就难以生存和发展。因此，铁路管理者和员工必须重视服务意识。

2. 培养服务意识

铁路乘客服务工作的灵活性很强，因此对培养客运服务人员服务意识的要求远远大于制度的刚性要求。只有先有了这样的意识，再具备相应的能力，才能为乘客提供优质服务。作为铁路乘客运输的现场岗位，服务意识必须作为对客运服务人员的基本素质要求加以重视。每一个员工必须树立起自己的服务意识，一个重视服务、不断改善服务品质、提高服务质量的员工总会得到乘客的赞赏，也更容易受到同事的认可。

3. 服务无小事

在现实生活中，人们对于小问题一般都采取迁就、宽容的态度。有些小事可能乘客并不在乎，有些需求可能连乘客本人都没有意识到。但如果客运服务人员能够洞悉这些需求，并在符合规定的前提下满足乘客的需求，不仅仅能给乘客更多的满意、更大的惊喜，而且企业对赢利的期望，员工对自身发展的规划，都可以在这些小事中得到实现。因此，客运服务人员就应以另外一种态度和做法对待小事，即"小题大做"。

客运服务人员见到乘客要使用敬语问好打招呼；乘客的合理要求要想办法解决，尽可能不说"不"；按规范作业，操作轻、走路轻、说话轻。在外人看来这些好像都是鸡毛蒜皮的小事，但对这些小事情专注投入的程度足以反映服务质量的好坏及管理水平的高低。对"小题大做"的意识不足，实质上就是服务意识不强，每位员工都能做到"小题大做"，服务工作的质量就有了保障。

4. 服务意识的具体体现

（1）满意服务　优质的服务就是要做到令乘客满意。要让乘客满意，必须了解乘客的需求与期望，尽力满足他们的合理要求。一切服务工作必须围绕乘客来进行，必须以使乘客满意的方式解决问题。

（2）专业能力　客运服务人员必须具备岗位所需的专业知识、专业能力及服务技巧，熟练掌握业务知识，随时为乘客提供优质服务。

（3）注重礼仪　在为乘客服务时要有良好的态度，要不卑不亢、礼貌、热忱，要有发自内心的微笑，牢记自己代表的是铁路站车的形象，绝不能抱着无所谓的态度。

（4）给予信心　在跟乘客接触或服务时，只有乘客对我们有信心，才会对我们的服务予以认可和赞同。当我们提供的服务让乘客满意之后，乘客才会对我们产生信心。

（5）善于沟通　为了了解乘客的需求，必须要跟乘客充分沟通，倾听乘客的声音与意见，才能进一步去理解乘客的需求与期望。当乘客有所抱怨时，更要耐心地跟乘客沟通，为乘客解决问题或做好安抚解释工作。对乘客的抱怨要以婉转的语气，心平气和地加以解释，如果没必要解释的，不说为宜。处理乘客的抱怨时不要拖延，而且处理抱怨的行动也要让乘客能明显感觉到你的努力，以平息乘客的愤怒。

（6）加深理解　想乘客之所想，急乘客之所急。有些乘客询问业务时，往往词不达意，这时就要耐心倾听，找到他们想要了解的问题。如果问题解决不了向乘客道歉时要有诚意，绝不能口是心非，应该发自内心地关心乘客的需要。

（7）互相配合　在提供服务的过程中，乘客也会高度参与，而且会提出他们的需要与意见，因此客运服务人员要跟乘客密切配合。同时，客运相关部门或共同工作的同事彼此也需要团结合作、相互配合与支援。

（8）诚实守信　对乘客的服务要求一经承诺，就必须信守诺言，尽全力提供所承诺的服务。对乘客所做的承诺一定要实现，而且一定要有效，让乘客满意。否则，会给整个铁路站车服务的声誉带来恶劣的影响。

（9）换位思考　客运服务人员需要站在乘客的立场去体会乘客的需求与感受，才能提供贴心的服务，迅速而妥善地为乘客解决问题。

（10）平等待客　为乘客提供的服务要有一致性，不能因时间、乘客对象或服务人员的不同而有明显差异，更不容许由于客运服务人员心理的波动或因乘客与自己有某种关系而擅自降低或提高服务标准。

（11）遇事冷静　在为乘客服务时，有时候会碰到棘手的难题，或者遇到乘客发脾气，甚至不讲道理。此时，客运服务人员必须控制自己的情绪，避免因感情用事影响工作。与乘客对话时，措辞要谨慎，要用缓和的语调来说话，争取思考时间，才能想出好的解决问题的对策。

（12）果断决策　当乘客有重大问题或特殊需求时，客运服务人员要根据自己以往的工作经验和专业知识去判断并做出决定，采取最适当且让乘客满意的服务方式。

5. 管理者的服务意识

1）管理人员应以身作则，由上至下改进服务。要创造出优质的服务，仅仅对员工进行强化培训是远远不够的。优质服务的理念必须贯彻在企业文化之中，并且要由管理者以身作则付诸实践，坚持以人民为中心的发展思想。如果管理层以服务为先，则上行下效，乘客至上的理念就容易落实在铁路客运服务人员的具体行动上。

2）现场客运服务人员是服务乘客的执行者，是服务质量的决定者，是服务质量问题的发现者，出现服务质量问题的解决者，不能简单地把客运服务人员当成质量管理的对象。

3）创新是提高服务质量最好的途径。在规范服务的基础上，服务创新能提高乘客的满意度、减少或避免乘客的投诉。

4）人是服务的第一要素。自然的微笑，得体的动作，整齐的服饰，关爱的语言，有时能收到其他硬件无法取得的效果。

【拓展阅读】

真情服务

D102 次列车的列车员王丽在巡视车厢时，发现 3 号车厢有一位中年男士趴在前面座椅靠背上，双腿伸直，低着头，一副很痛苦的模样。王丽觉得不太对劲，便主动上前询问。原来该男士患有腰椎间盘突出症，压迫了腿部神经，疼痛难忍，这次到北京是做手术的。王丽了解情况后，帮这位乘客将座椅调节到比较舒适的位置，为其倒了一杯热水，同时关照这位乘客不要着急，有事可以找列车员，到站前她会过来帮助乘客下车。王丽关照好这位乘客后，立即向列车长黄星汇报。黄星和王丽一路上对该乘客嘘寒问暖，细心照顾。午餐时间到了，他们帮该乘客买来午餐，细心的王丽杨拿来几本杂志垫在乘客腰部，帮助其将座椅调整到便于吃饭的舒服位置。列车到达北京站前，黄星和王丽一起来到 3 号车厢帮乘客拎行李，扶乘客到车门口等候下车。到站后王丽扶着这位乘客下车，列车长与车站客运值班员办理交接，并将乘客行李一并交给客运值班员。临别时，这位乘客眼中充满感激，不停地向黄星和王丽致谢。

【课后演练】用心为乘客服务

1. 任务目的

认识到客运服务的内容。

2. 任务内容

车厢里有一对乘客是母女，女儿腿脚不方便，母女俩是第一次出远门，也是第一次乘坐高铁。面对这样的乘客，列车员要通过换位思考，主动向她们提供贴心的服务。

任务提示：从一上车，列车员就主动地、不断地为这对母女进行服务，一直到下车（一是给她们提供适当的帮助，如指引位置、放置行李；二是教会她们正确使用列车上的设施；三是提醒她们注意安全；四是提醒她们到站下车）。

3. 任务实施

六人一组，一人扮演列车员，两人扮演母女乘客，两人扮演其他乘客，一人负责拍摄。班级分成若干组，分别进行演练并进行视频录制。

每个小组演示完后，同学进行点评，教师总结。

4. 任务总结

通过练习理解并掌握服务就是在满足乘客需求的过程中使乘客感到受重视，而重视服务对象是从行为和语言两方面表现出来的；理解服务的重要性，掌握"三要、四心、五主动"（"三要"是指接待乘客要文明礼貌，纠正违章要态度和蔼，处理问题要实事求是；"四心"是指接待乘客热心、解答问题耐心、接受意见虚心、工作认真细心；"五主动"是指主动迎送乘客，主动扶老携幼，主动解决乘客困难，主动介绍旅行常识，主动征求乘客意见）。

第二节　铁路客运服务礼仪的内涵

一、铁路客运服务礼仪的含义

铁路客运服务礼仪就是礼仪在铁路客运服务工作中的具体运用，是礼仪的一种特殊形式。它是在铁路客运服务过程中，客运服务人员按照一定的标准和规则去向服务对象表达敬意的行为规范，也就是客运服务人员在工作岗位上，通过着装打扮、言谈举止、待人接物等，对服务对象表示尊重和友好的行为规范和惯例。铁路客运服务礼仪是"以客为尊，以人为本"服务理念的具体体现，也是铁路优质服务的重要组成部分。

铁路客运服务礼仪主要是指铁路车站、列车的服务人员在服务工作中向乘客表示敬意的具体做法，是服务工作中形成的得到共同认可的礼貌、礼节和仪式，是客运服务人员必须遵守的服务规范。

二、铁路客运服务礼仪的基本原则

1. 尊重

尊重是礼仪的核心。尊重原则，即"乘客至上"的原则，就是要求客运服务人员在服务过程中，要将对客人的重视、恭敬、友好放在第一位。

2. 包容

包容的原则包含两层含义："严于律己"与"宽以待人"。客运服务人员要以严格遵守业务规章与服务规范来确保服务的质量，同时也要运用同理心，换位思考，理解和体谅客人，决不能求全责备、咄咄逼人。

3. 适度

适度原则，就是要求客运服务人员在应用服务礼仪技巧时，为了保证实际效果，必须注意实施的技巧。礼仪的应用强调的是场合与角色定位。客运服务人员在服务过程中，要特别注意把握分寸，言行适当得体。

三、铁路客运服务人员应具备的礼仪素养

1. 亲和的微笑

微笑是人际交往中最富吸引力的面部表情，也是能够瞬间向他人展示友好热情的神态。客运服务人员的微笑可以从情感上拉近与乘客的距离。同时，笑容展露的友好亲切、真诚热情也可以给客人留下良好的第一印象。

2. 贴心的问候

问候是人与人见面时最初的直接接触。问候得当可以表现出自己的诚意与热情，巩固微笑留给客人美好的第一印象。客运服务人员见到乘客时，应主动问好。

3. 洁雅的仪表

仪表是一个人风度的体现。邋遢随意的外形是人际交往的大忌。客运服务人员洁雅的仪表来自整洁的制服着装、恰当的面容修饰和端庄的举止姿态，这是展示职业素养和树立专业形象必须要做到的，也是获得乘客信赖的基础。

4. 规范的仪态

客运服务人员的仪态训练是礼仪素质养成的一个重要方面。强调仪态举止的规范，例如，鞠躬的幅度、手势的开合，不仅能展示专业化的训练成果，更重要的是包含了尊敬他人的礼仪内涵和服务理念。

5. 得体的语言

语言是客运服务的重要工具。得体的语言会让乘客倍感舒适，不礼貌的语言则会激发矛盾。客运服务人员与乘客交流时要使用规范的礼貌用语，同时要掌握表达的技巧，特别是处理违章时，更要注意语言的适度得当。

6. 诚恳的态度

乘客对乘车服务质量的评价往往是非常主观的。当基本的服务需求得以满足之后，对其他方面服务水平的感知则因人而异；因此，客运服务人员需要用积极、正面、温和的态度影响乘客的评价。

四、学习铁路客运服务礼仪的意义

铁路客运服务礼仪是铁路客运服务人员在工作岗位上通过言谈、举止等对乘客表示尊重和友好的行为规范，是铁路客运优质服务的重要组成部分。铁路客运服务人员学习服务礼仪，不仅有利于提高个人的内在修养，而且能够提升铁路企业的形象。

1. 服务礼仪是提高客运服务质量的有效途径

掌握了正确的铁路客运服务礼仪才能成为"服务意识浓、职业形象好、沟通表达强、服务技能佳"的高技能人才。

2. 服务礼仪是增强铁路企业竞争力的重要环节

铁路作为国家的重要基础设施、国民经济的大动脉和大众化的交通工具，在综合交通运输体系中处于骨干地位。随着航空、公路客运的迅速发展，铁路客运面临着激烈的市场竞争。如何增强企业的核心竞争力，赢得客源市场是现代铁路企业发展面临的新问题。服务礼仪作为现代企业管理的重要组成部分，是铁路企业增强竞争力的有效手段，也是赢得市场的重要举措。

3. 服务礼仪有助于提高客运服务人员的个人素质

在服务过程中，礼仪是衡量客运服务人员文明程度的准绳，不仅反映客运服务人员的交际技巧与应变能力，而且还反映其气质风度、道德情操。运用服务礼仪能更好、更充分地展示个人的良好教养。

4. 服务礼仪是塑造客运服务人员个人形象与企业形象的有力工具

形象就是服务。客运服务人员是在与乘客交往的过程中完成自己工作任务的，所以，客运服务人员良好的职业形象是优质服务的重要组成部分，体现了对乘客的尊重。服务礼仪讲的就是服务人员仪容、表情、举止、服饰、谈吐、教养等内容的规范与标准。客运服务人员的形象代表着企业的形象，所以，服务礼仪也是一个企业树立良好形象的有效手段。

【拓展阅读】

打造人民铁路成为人民的"爱心驿站"——南京站"158"雷锋服务站

"158"雷锋服务站即"义务帮"之意，是上海局集团公司南京火车站在候车大厅里设置的总服务台，主要提供旅游乘车的询问，火车站的指引，为重点乘客（老、弱、病、残、孕等）的乘降、出站及联系120、求助站等提供帮助。该服务台正式成立于2000年，在全国铁路中是第一家志愿者服务站，是全国铁路系统和江苏省学雷锋先进典型。

"158"雷锋服务站自成立以来，服务重点乘客100多万人次，收到感谢信7400多封，锦旗174面，先后获得全国和省级荣誉表彰40多项，涌现出全国和铁道部劳模先进人物20多人，被乘客们誉为"爱心驿站""温馨家园"。2015年5月，"158"雷锋服务站南京火车站客运班组，被中共中央宣传部授予"时代楷模"称号，成为传承雷锋精神、弘扬社会主义核心价值观的全国先进典型。

经过几代工作人员的探索总结，"158"雷锋服务站形成了"4个五"特色服务项目和"五字"亲情服务法。"4个五"服务项目为"五到位""五帮助""五免费""五感受"。"五到位"是基本服务，即随访、送水、检票、咨询、解难到座位；"五帮助"是帮助乘客购买车票、上下车、联系接力服务、收发传真、寄信件；"五免费"是解忧服务，即免费提供轮椅担架、针线药品、网络传真、应急充电、行李搬运；"五感受"是人性化服务，即让乘客有亲切感、舒适感、安全感、愉悦感、留念感。

"五字"亲情服务法为"哄、疼、忍、帮、抚"，即遇到脾气倔强的年迈老人，要态度和蔼地哄劝；遇到活泼好动的小孩，要发自内心地疼爱；对心情不好的体弱病人，要晓之以理地忍让；遇到行动不便的残障乘客，要细心周到地帮助；遇到孕妇乘客，要倍加小心地安抚照顾。

【课后演练】理解铁路客运服务礼仪的内涵

1. 任务目的

通过在实训室模拟铁路客运车站或列车服务场景，更好地掌握铁路客运服务礼仪知识。

2. 任务内容

运用所学的相关知识，进行车站客运服务人员"车站检票口检票练习"、列车乘务员"立门站岗迎宾练习"、列车乘务员"列车上车厢巡视练习"等。

3. 任务实施

1）学生对上述三个服务工作场景进行练习。为了体现练习的生动性，进行练习的学生可适当地加入一些情节。

2）学生对每组的情景练习进行评议。

3）教师对每组的情景练习进行归纳和总结。

4. 任务总结

铁路客运服务礼仪就是礼仪在服务行业的具体运用，是服务的一种特殊形式。服务礼仪就是在服务过程中，服务人员按照一定的标准和规则去向服务对象表达恭敬、友好的行为规范。学习铁路客运服务礼仪，可以有效地提升客运服务人员的个人形象和铁路企业的组织形象。

第三节　铁路客运服务礼仪的基本要求

对于广大客运服务人员来说，要提升自己的服务水平和质量，就要做到以下几点。首先，要加强爱岗敬业和职业道德教育，树立正确的人生观和价值观，营造讲奉献、比进取的良好氛围；其次，要注重提高自己的服务意识，关注细节服务，掌握整个服务过程中乘客的需求；最后，要从服务礼仪、服务用语、服务质量规范、服务技能技巧等基础的技能培训着手，认识服务意识是前提，服务技能是基础，不断改进服务工作，提升客运服务水平，树立铁路客运服务的良好窗口形象。文明、礼貌、主动、热情、周到，就是客运服务工作严格遵照的原则要求。

一、树立"以乘客为中心"的服务理念

走进铁路车站、列车的人，都是铁路的客人、朋友，是我们服务的对象。尊重乘客，树立"以乘客为中心"的观念，是提供优质服务的基础。"以乘客为中心"，就是在考虑问题时、提供服务时、安排工作时，都要想乘客之所想、急乘客之所急。在接待乘客的过程中，不仅要满足乘客在物质方面的需求，还应该通过客运服务人员的优质服务，使乘客心情愉快，得到精神上的满足，留下美好难忘的印象。具体说来，应做到如下几个方面。

1. 文明服务

文明，首先是发展到较高阶段和具有较高文化修养的一种社会状态，同时，也是人类创造的物质文明与精神文明的总和。现代人对文明的要求越来越高，就铁路客运服务来讲，对文明服务是有具体要求的。从乘客的角度来看，要求客运服务人员在服务的过程中要体现文明素养。每一位客运服务人员都是礼仪大使，在服务工作中都应承担礼仪大使的责任，以主人翁精神，通过语言、动作、姿态、表情、仪表等体现对乘客的友好和敬意。

同时，客运服务人员也应注意各国各民族一些独特的礼节风俗习惯，灵活地运用在服务接待中，使乘客感受到服务的热情和真诚，进而赢得乘客的尊重。文明服务要求客运服务人员做到以下几点。

（1）规范服务　规范服务是文明服务的前提。只有服务工作遵循一定的规范和标准，才能真正做到文明服务。所谓规范就是我们平时所说的规矩。铁路客运服务也有自己的规范，例如，要熟悉业务，掌握服务流程；要站有站相，坐有坐相；要掌握与人交往的技巧及服务用语的运用等。做到规范服务应注意以下几点。

1）做到"服务五声"。所谓"服务五声"是指客运服务人员在工作岗位上，面对乘客时，必须自然而然地做到：来有迎声，问有答声，去有送声，服务之前有提醒声，服务不周有道歉声。这"五声"，是文明服务中每位客运服务人员都应该具备的基本功。

2）做到"四个不讲"。面对乘客，客运服务人员有四种话不能讲：

一不讲不尊重对方的语言。

二不讲不友好的语言。

三不讲不客气的语言。

四不讲不耐烦的语言。

"服务五声""四个不讲"是全体客运服务人员在其工作岗位上必须做到的基本要求。只有做到这些，才能使乘客高兴而来、满意而归，才能以文明规范的服务树立良好的企业形象。

（2）科学服务　科学服务，要求客运服务人员在服务过程中掌握科学有效的现代服务方法。科学服务就是要有方法、有方式，就是在服务中不能够无规矩乱来。这实际上是对规范服务的进一步的、高层次的要求。科学服务有以下两点具体要求。

1）娴熟的专业技能。掌握铁路客运专业知识，明确铁路站车服务工作的主要服务环节，掌握列车服务的主要服务接触点，以及各服务接触点的服务标准与服务话术。学会处理乘客抱怨，提高与乘客的交往水平等。

2）洞悉乘客的心理。对于一个优秀的客运服务人员而言，理解乘客的真实心理是十分必要的，而要了解乘客的心理，就必须做到以下两个了解。

一要了解社会学。不了解社会学就无法服务社会，要为社会服务好就必须学习社会学。

二要了解心理学。每个人的心理既有共性，又有个性。只有学习心理学，才能真正洞悉人们的心理，才能摸清乘客的需求，做到科学服务。

（3）优质服务　优质服务就是服务的精益求精。从某种意义上讲，强调优质服务，就是要不断地提高自己的服务质量，做到人无我有、人有我优，更上一层楼，不断进步。做到优质服务，必须注意以下几点：

1）尽心尽力。就是在力所能及的条件下尽心尽力地服务好。

2）尽力而为。能做到的事情尽力以实际行动做到。

3）力求完美。在力所能及的情况下力求把事情做得完美、力争完善。

4）争取满意。服务是不是优质，关键是乘客认可不认可，要力求让乘客满意。

在文明服务的要求中，规范服务、科学服务、优质服务是连带关系。没有规范服务，科学服务、优质服务就无以谈起。科学服务不到位，也就无优质服务可言。只有三者都做到了，才是真正的文明服务。做到了规范服务、科学服务、优质服务，服务质量才能提高。

2. 礼貌服务

礼貌服务是指客运服务人员按照服务礼仪规范要求对服务对象提供服务。它既是一种特殊的礼节要求，又是服务礼仪的具体运用，是服务行业优质服务的一个重要组成部分。礼貌服务要达到以下基本要求。

（1）聚精会神，举止规范　聚精会神是开展礼貌服务的前提条件，是服务行业最基本的职业要求，是服务工作的一个重要特点。假如在服务过程中，客运服务人员对乘客视而不见，对他们提出的要求充耳不闻，连服务的最低要求都无法满足，何以谈高层次的礼貌服务。

除了聚精会神之外，还要求客运服务人员的举止动作规范。优美得体的举止动作能衬托出客运服务人员的优雅气质和风度，也是客运服务人员培养仪态美的起点。

所以，客运服务人员在服务过程中的迎宾、应接、引领等场合的表情、举止动作要求规范、优雅。

（2）衣着整洁，合乎规范　整洁的衣冠、恰当的修饰既可以给人以美的感受，又能给对方留下美好的第一印象。客运服务人员在与乘客交往时，要注重外表的修饰，既可以展示出良好的个人形象，又能够传递出较高的内在修养，更是尊重乘客的重要表现。礼貌服务要求每位客运服务人员的衣着均应做到清洁、整齐、挺括、规范。服装要勤换洗，而且洗后要熨平整（裤子熨出裤线），保持整洁，皮鞋也要上油擦亮等。

3. 主动服务

主动服务，即在乘客开口之前提供服务，意味着客运服务人员有很强的感情投入，细心观察乘客的需求，为乘客提供个性化服务。有了服务规范和工作标准，只能说有了为达到一流服务而必备的基础条件，并不等于有了一流的服务。客运服务人员只有把自己的情感投入到一招一式、一人一事的服务中去，真正尊重乘客，真正从心里理解乘客，关心乘客，才能使自己的服务更具人情味，让乘客倍感亲切。

4. 热情服务

热情服务，是指客运服务人员出于对自己职业的热爱，从而对乘客的心理有深切的理解，因而富有同情心，满腔热情地向乘客提供良好服务。热情服务在服务中多表现为精神饱满、热情好客、动作迅速、满面春风。

持续提供优质服务。让乘客感受到客运服务人员的良好服务并不难，而要让乘客在整个服务过程中都能够感受到客运服务人员的服务热情则有点困难。特别是在乘客需求发生波动的时候，客运服务人员在超负荷的压力下很难持续保持高昂的工作状态和热情的笑容。而让乘客每一次都能感受到同样好的服务，正是优质乘客服务所追求的目标。持续提供优质服务，这是整个乘客服务过程中最难获得的一种能力，而服务的标准化、一致性，是持续提供优质服务的根本保证。

5. 周到服务

周到服务，是指在服务内容和项目上想得细致入微，处处方便乘客、体贴乘客，千方百计帮助乘客排忧解难。这些服务是实质性的，乘客能直接享受到的。周到服务还体现在不但能做到、做好共性规范服务，还能做到、做好个性服务。个性服务有别于一般意义上的规范服务，它要求有超常的更为主动、周到的服务。客运服务人员在为乘客提供服务之前，要准确了解对方的个性需求，再根据具体需要给予对方最适合的服务。

二、树立"人性化"创新型的服务理念

"人民铁路为人民"是铁路的根本宗旨，是铁路人的行动指南，是铁路职工急人民之所急、想人民之所想，一切以人民群众评价为准则的庄严承诺。时代在变，但誓言永恒，"人民铁路为人民"的初心和使命永不褪色。

1. 围绕旅客需求推行人性化服务

2013 年，中国铁路总公司成立后，铁路主动适应形势发展需求，提出了"以服务为宗旨，待旅客如亲人"的服务理念，赋予铁路服务更加人性化、亲情化的时代内涵，引导铁路人在思想上、感情上、工作上，像对待亲人一样善待旅客、服务旅客，进一步丰富了"人民铁路为人民"的内涵和外延。在这一理念的指引下，公司组织开展了"旅客满意、货主满意"主题实践活动，广大干部职工从硬件设施、人文环境等方面入手，争先恐后、创新创优，先后涌现出"微笑天使"孙奇、"时代楷模"158 雷锋服务站等一大批服务明星和服务品牌，影响和带动了铁路服务品质的提升。

2016 年以来，铁路深入落实中央要求，认真践行以人民为中心的发展思想，扎实推进供给侧结构性改革，集中力量推行客运提质计划，打造绿色、安全、便捷、舒适、时尚的客运产品，推出网络购票、移动支付、智能导航、刷脸进站、自助订餐、站车 Wi-Fi、高铁极速达等特色服务，不断满足个性化、信息化和智能化的出行需求；开展货运增量行动，铁路年货运发送量超 30 亿吨，为降低社会物流成本、打赢蓝天保卫战贡献了力量；实施复兴号品牌战略，加速构建系列产品体系、技术体系和运营管理体系，在世界上首次实现时速 350 千米自动驾驶功能。2018 年、2019 年春运期间，铁路提出了"平安春运、有序春运、温馨春运，让旅客体验更美好"的春运目标，推出电子客票等一系列便民举措，让"人民铁路为人民"的根本宗旨在新时代有了全新的呈现形式和具体表达。

2. 不断创新服务理念

（1）推行无干扰服务　标准化服务是铁路旅客运输企业的特色，"无干扰"服务是旅客的新需要。无干扰服务体现现代服务理念中的"以人为本"，也是对乘客的一种理解、信任、宽容和尊重。

电子客票服务有利于推行旅客自助化无干扰服务，旅客可通过互联网购票、退票和改签，足不出户即可完成行程变更，凭有效身份证件便可实现"一证通行"、无接触进出站，极大提升了进出站效率，节约了时间成本。

很多列车推行"四轻三动"无干扰服务法。"四轻"即说话轻，走路轻，关门轻，取放物品（动作）轻；"三动"即旅客坐我勤动、旅客静我少动、旅客睡我轻动，随手关灯，随手关闭水龙头，随手捡拾废纸。

（2）推行情感化服务　随着社会的发展，旅客的服务需求不断提升，智能化、情感化

服务的实施，不断提高服务"软实力"，走心又暖心。

一辆绿皮"慢火车"成为乡村人的"幸福集"和驶向新时代的"致富路"，从吉林通化开往辽宁丹东的4318次列车创新性地成为"列车年货大集"，以"慢火车"为载体来帮助沿线群众销售农产品，切实解决了群众的难题，满足了群众的需要，提高了幸福感、获得感。在"智慧春运"的背景下，针对对科技手段比较陌生的老年人、农民和外来务工人员提供线上优先受理购票，线下完善爱心通道；"点对点"开行专列，为学生、务工人员群体出行提供服务保障。

从改善交通条件，实现"天堑变通途"，到尽心服务民生，开拓"幸福振兴路"，铁路部门始终坚持为人民服务的初心宗旨，以铁路交通力量服务民生发展需求，在新时代、新征程助力乡村振兴。民生无小事，铁路有担当，始终坚持为民服务"在路上"。

（3）搞好"公益化"服务　新时代坚持"人民铁路为人民"，是顺应人民群众新期待的现实需求。新时代，坚持践行"人民铁路为人民"的理念，是对人民群众出行需求的回应，必将激励干部职工从提升旅客出行体验、满足客户发货需求等方面久久为功，优化供给，提供优质服务，让人民群众享有更多的获得感和幸福感。

作为高铁运营里程最长的国家，中国仍保留每天开行几十对公益性慢火车的措施，覆盖22个省（区、市），经停600多个车站，途经吉林延边、内蒙古东部、湘西地区、云贵地区、大凉山地区、南疆地区等地。

四川大凉山，5633次列车成为"专属校车"，376千米逢站必停，畅通孩子们的求学路。行驶在成昆铁路的5619次列车，家禽、果蔬、牛羊都是"旅客"，火车成了牧民转场放牧的好帮手。从呼伦贝尔市海拉尔区到根河市满归镇，全程523千米，4184次列车已行驶了40多年。每当大雪封山，它就是林区生命线。

悠悠慢火车，满满民生情。慢火车行程远、票价低，算小账，看似赔了。作为偏远地区与发达城市群的主要纽带，当地群众坐着慢火车赶集、求医、上学、探亲、务工，算大账，稳赚不赔。

"慢火车"彰显新时代铁路担当。在逐步迈向新时代的过程中，公益性"慢火车"已成为铁路巩固脱贫攻坚成果、同乡村振兴有效衔接的一张亮丽名片。"慢火车"悠悠向前，伴着岁月，驶出新的篇章。如果说，高铁是中国铁路技术与实力发展的体现，那么公益性"慢火车"则是这一发展过程中始终如一的温暖。这种温暖同新时代高铁交相辉映，为当今幸福生活增添了色彩。

【课后演练】铁路列车服务情景练习

1. 任务目的

根据所掌握的服务礼仪知识，在服务过程中体现服务礼仪的基本要求。

2. 任务内容

把学生分为若干组，运用所学的铁路客运服务礼仪基本要求的相关知识，以及客运规章的相关知识，自编、自导、自演，进行铁路列车客运服务的情景练习，要求有情节，时间在4min之内。

3. 任务实施

1）各组同学自编、自导、自演，进行铁路列车服务情景练习。每组至少4人；每组所编排的情景练习应体现文明服务、礼貌服务、主动服务、热情服务、周到服务等内容。

2）学生对每组情景练习进行评议。

3）教师对每组的情景练习进行归纳和总结。

4. 任务总结

服务质量由服务态度与服务技能两大要素构成。当今，乘客对服务态度的重视程度往往会高于服务技能的重视程度。客运服务人员学习和运用服务礼仪，最切实可行的办法是要抓住其重点——就是那些对服务工作具有普遍指导意义的基本原则，即文明、礼貌、主动、热情、周到。

复习思考题

一、填空题

1. 世界服务协会曾经对"服务"的英文"Service"做了经典的表述。其中"S"表示_____，"E"表示_____，"R"表示_____，"V"表示_____，"I"表示_____，"C"表示_____，"E"表示_____。

2. 服务就是在满足顾客利益的过程中，使顾客感觉到_____。

3. 优质服务的原则是_____。

4. 铁路客运服务礼仪的基本要求是_____。

二、选择题 （选择一个或几个正确答案，把选项填在括号中）

1. 下面语句中表述正确的是（   ）。

A. 服务就是给予   B. 服务就是付出   C. 服务就是帮忙   D. 服务就是包容

2. 铁路客运优质服务的标准主要包括（   ）。

A. 始终以乘客为中心   B. 积极帮助乘客解决问题

C. 对乘客热情、尊重和关注   D. 设身处地为乘客着想

3. 对礼仪的理解，下列语句表述正确的是（   ）。

A. 礼仪是一个人内在修养和素质的外在表现

B. 礼仪是为人处世的行为规范

C. 礼仪是提高自己逻辑思维能力的方法

D. 礼仪是个人卫生的要求和规则

4. 下列语句中，对"服务五声"表述正确的是（   ）。

A. 来有迎声，问有答声，去有送声，服务之前有提醒声，服务不周有道歉声

B. 来有应声，问有答声，去有送声，服务之中有提醒声，服务不周有道歉声

C. 来有应声，问有答声，去有送声，服务之后有提醒声，服务不周有道歉声

D. 来无应声，问有答声，去有送声，服务之前有提醒声，服务不周有道歉声

5. 客运服务人员的科学服务，有以下两点具体要求，它们分别是（　　　）。

A. 踏实的工作态度 　　　　　　　　　B. 娴熟的专业技能

C. 洞悉乘客的心理 　　　　　　　　　D. 较高的交往能力

三、判断题 （表述正确的在括号中画 "√"，表述错误的在括号中画 "×"）

1. 服务就是以客为尊，尊重是服务的基础。（　　　）

2. 服务分为有形服务和无形服务，有形服务就是满足顾客物质方面的需要，无形服务就是满足顾客精神方面的需要。（　　　）

3. 在服务的过程中，我们对所有乘客的服务应当是一致的，没有必要满足一些乘客的个性需求。（　　　）

4. 所谓主动服务，就是在乘客开口提出要求之后进行服务。（　　　）

5. 铁路客运服务礼仪的基本要求是：文明、礼貌、主动、热情、周到。（　　　）

四、简答题

1. 铁路客运优质服务的标准有哪些？

2. 学习铁路客运服务礼仪的意义有哪些？

第二章

服务素养与职业道德

【学习目标】

知识目标：了解客运服务人员应当具备的服务素养。

能力目标：掌握服务意识的培养方法，提高自己的服务意识。

素养目标：培养对客运服务工作的荣誉感和责任感。

客运服务人员内在的服务素养，是做好服务的根本。服务意识是客运服务人员职业素养中最重要的方面，服务人员只有具备了较高的服务意识，其他素养才能发挥作用。有服务意识的服务人员才是优秀的服务人员。服务意识决定服务的品质，一流的服务是由一流的服务人员提供的。一流的服务人员必须要有积极付出的服务心态，而积极付出的服务心态正是服务人员服务意识中最核心的内容。服务人员的服务态度决定其服务的质量。

第一节　服务素养

服务人员在服务过程中，所表现出来的积极主动、热情友好、礼貌待客、微笑得体、举止规范等，必须要有一个内在的东西做支撑，而这种内在的东西就是服务人员的服务素养。服务素养属于职业素养的范畴，是指企业对服务人员个人素质方面的要求。那么，客运服务人员究竟需要具备哪些服务素养呢？客运服务人员的服务素养主要包括个人修养、心理素质、专业素质、综合素质。

一、客运服务人员的个人修养

个人修养是一种自我暗示，是一种为人处事的态度。个人修养的提升，能让人的自我意识或思想产生持久的变化，从而帮助人实现个人目标。

1. 尊重为本

作为一名客运服务人员，尊重为本是与乘客交往中的最基本的要求。没有尊重，服务就不存在。俗话说得好："尊重顾客是一种常识，尊重上级是一种天职，尊重同事是一种本分，尊重下级是一种美德，尊重所有的人是一种修养。"

2. 谦虚诚实

谦虚是一种美德。有的客运服务人员往往认为乘客说的话都是外行话，甚至不懂装懂，对乘客不屑一顾，这样就会让乘客产生反感。社会在发展，知识也在不断地更新，诚恳、谦虚地与乘客沟通并不会暴露自己的不足，反而能够赢得乘客的认同和尊重。客运服务人员不要轻易对乘客承诺，随便答应乘客的要求，这样会给自己的工作造成被动。但是客运服务人员必须牢记自己的承诺，一旦答应乘客就要做到，就要尽心尽力去做。对于通过自己的努力也无法做到的，应该主动向乘客道歉并说明原因。

3. 宽容为美

忍耐与宽容是面对无理乘客的法宝，也是一种美德。客运服务人员需要有包容心，要包容和理解乘客。真正的乘客服务必须在意乘客本人的喜好和情绪。乘客的性格不同，处事的方法也不同，客运服务人员在提供服务的过程中应当以乘客为导向，牢记自己的职责，用自己的宽容去感化乘客。

4. 同理心

我们都听说过同情心，但是服务过程中更需要同理心。同理心，就是换位思考，就是站在乘客的角度去思考问题，真正理解乘客的想法和处境。同理心是做好服务的重要法宝之一。

5. 勇于担当

在服务过程中，客运服务人员应遵从"首问负责制"。第一个接受乘客咨询、求助的客运服务人员，必须善始善终地协助乘客解决好问题，坚决杜绝推诿扯皮现象。客运服务人员是铁路企业的窗口和缩影，对外代表的是企业的形象和品牌。因此，对于乘客的问题，客运服务人员不能说这是别的部门的责任，一切的责任都需要通过"我"把它化解，对乘客要勇于承担责任，千万不要让乘客感觉你在踢皮球。

6. 积极热情

服务就是情绪的传递。在服务过程中，积极热情的态度会传递给周围每一个人，营造出一种温馨融洽的氛围，乘客也会对你顿生好感。谁也不愿意和每天哭丧着脸的人交往，客运服务人员必须牢记：乘客服务要有激情，乘客永远喜欢与能够给他们带来快乐的人交往。

二、客运服务人员的心理素质

心理素质是指人类在长期社会生活中所形成的心理活动在个体身上积淀的心理倾向、特征和能动性。良好的心理素质是客运服务人员综合素质的重要组成部分，一个情绪不稳定、性格孤僻、人际关系紧张的客运服务人员通常不可能为乘客提供热情、友善、亲和的服务。

1. 要有满负荷情感付出的支持能力

在服务过程中，对每一位乘客，客运服务人员都要提供最好、最周到的服务，不能有所保留。而且，对待每一位乘客，需要付出同样饱满的热情。对每一位乘客而言，客运服务人员都是第一次为他服务。乘客不知道客运服务人员前面已经接待服务了多少乘客，他考虑的是客运服务人员现在应当把他服务好，并不理解客运服务人员已经很累了。对于客运服务人员来说，每个人的这种满负荷情感的支持能力是不同的。一般来说，工作时间越长的客运服务人员，满负荷情感付出的支持能力就越强。让每一位乘客都感受到同样好的服务，是客运服务人员提供优质服务的目标。

2. 积极的心态

客运服务人员往往因为乘客的误解，或是感觉每天周而复始的工作很枯燥，心态和情绪或多或少会受到消极的影响，这是很常见的，也是很正常的。保持一种积极的心态，需要客运服务人员进行自我情绪调节。例如，以积极主动的心态与乘客交流、与同事交流，不断感受工作带给自己的快乐等。最重要的是要以积极的心态面对乘客和同事，用真诚和热情赢得他们的认同、关注和信任。

3. 控制自我情绪

情绪的自我掌控和调节能力是指什么呢？例如，每天接待 100 名乘客，可能第一位乘客就把你批评了一顿，因此心情变得很不好，情绪很低落，而你又不能回家，因为还有 99 位乘客在等着你。这时候你会不会把第一位乘客带给你的不愉快转移给下一位乘客呢？这就要客运服务人员及时调整自己的情绪。客运服务人员应该以热情周到的服务迎接每一位乘客。因此，优秀的客运服务人员必须具备过硬的心理素质。

4. "处变不惊"的应变力

所谓应变力就是对一些突发事件的有效处理能力。作为客运服务人员，每天要面对不同的乘客，经常会遇到一些挑战性的情况。例如，一位喝了酒的乘客，上车之后因为座位的问题与客运服务人员发生了语言冲突。这时候，有些客运服务人员可能会不知所措，而一些有经验的客运服务人员，就会很稳妥地做出处理，稳妥处理冲突的能力就是应变力。怎么样提高自己的应变能力呢？

（1）敏锐的洞察能力　这是一种迅速、准确地抓住问题要害的能力。正确地发现和提出问题就成功解决了一半问题。所以，我们要有见人所未见的本领和敏锐地识别问题的能力。

（2）敏捷的反应能力　敏捷的反应能力是指人在思维过程中，当机立断和及时解决问题的能力，这种能力是应变的基本功。面对突发事件，是不容迟疑的，必须快速反应，迅速做出判断。

（3）准确的判断能力　这是对发生的事件进行辨别、分析，根据事件的性质和形式的不同在短时间内做出准确地判断，从而把握事件趋势的能力。应变能力的提高，需要必要的知识、出色的智慧、敏捷的头脑和丰富的经验。

三、客运服务人员的专业素质

专业素质是指企业员工为完成其基本职责所必须具备的素质。客运服务人员需要掌握的相关专业知识有客运规章和相关法律法规、服务礼仪、乘客沟通等，具体内容包括以下几方面。

1. 娴熟的业务知识及工作经验

娴熟的业务知识及工作经验是解决乘客问题的必备武器，不管从事哪个行业都需要具备专业知识和经验。铁路客运服务工作，要求客运服务人员能跟乘客进行专业的、良好的沟通，能够解释与解决乘客提出的问题，为乘客提供专业的帮助。因此，客服人员要有很丰富的行业知识和经验。

2. 思维敏捷，具备洞察乘客心理活动的能力

洞察乘客心理活动的能力是做好服务工作的关键所在。客运服务人员思维要敏捷，懂得察言观色，具备敏锐的洞察力，能洞察乘客的心理活动，从而更自如地与乘客进行沟通交流。

3. 提高服务礼仪水平

服务礼仪是礼仪在服务行业中的具体运用，是从事服务行业的人员在自己的岗位上完成本职工作所应具备和严格遵守的行为规范。服务人员认真学习、自觉遵守服务礼仪，是提高服务人员素质的要求，也是增强企业竞争力的重要环节。

4. 良好的语言表达能力

良好的语言表达能力是实现与乘客有效沟通的必要技能和技巧。在服务岗位上，准确而恰当的语言表达，是对客运服务人员的一项基本要求，同时也是客运服务人员做好本职工作的基本前提。客运服务人员在与乘客进行交谈时，应做到彬彬有礼，用语得体和声音自然、亲切。

5. 优雅的形体语言表达技巧

哲学家培根说："相貌的美高于色泽的美，而秀雅合适的动作美又高于相貌的美，这是美的精华。"掌握优雅的形体语言表达技巧，能体现出客运服务人员的专业素质，给乘客以美感。优雅的形体语言表达技巧是内在气质通过外在形象的表露，举手投足、一言一行，都应表现出客运服务人员的专业素质和职业形象。恰到好处的形体语言表达，能帮助客运服务人员更好地为乘客服务。

6. 良好的倾听能力

良好的倾听能力是实现与乘客沟通的必要保障。倾听是重视交往对象的一种表现，是一种情感的交流，是一种修养。

四、客运服务人员的综合素质

客运服务人员的综合素质，从某种意义上说，应该包括完整健康的人格、较强的工作能力、成熟稳定的心理素质和优雅的外在形象气质。

1. 分析解决各种问题的能力

优秀的客运服务人员不但需要做好乘客服务工作，而且还要善于思考，能够提出合理的工作建议，有分析解决问题的能力。

2. 独立处理工作的能力

优秀的客运服务人员要能够独当一面，具备独立处理工作的能力。一般来说，企业都要求服务人员能够自己去完成本职工作岗位规定的工作内容和要求。

3. 协调人际关系的能力

优秀的客运服务人员不仅要协调好自己与乘客的关系，而且还要善于协调与同事之间的关系，以达到提高工作效率的目的。人际关系的协调能力是指在工作中协调与乘客、与同事之间关系的能力。有的时候，同事之间关系紧张、不愉快，会直接影响客户服务工作。

4. 较高的团队协作能力

团队协作能力是指建立在团队的基础之上，发挥团队精神，互补互助，以达到团队最大工作效率的能力。客运服务人员不仅要有个人能力，更需要与其他成员协调合作的能力。

【课后演练】客运服务人员服务素养的提升

1. 任务目的

意识到客运服务人员具有较高的服务素养与应变能力的重要性。

2. 任务内容

列车餐吧服务员在给某车厢一位乘客送盒饭时，由于列车晃动和身后另一位乘客碰撞，不小心把盒饭里的菜汤洒在了购买盒饭的乘客身上，这位乘客非常生气。这时，作为客运服务人员应如何处理这一问题？

3. 任务实施

1）每两人为一组，一人扮乘客，一人扮餐吧服务员，练习时间 5min。
2）学生对每组的模拟练习进行评议。
3）教师对每组的模拟练习进行归纳和总结。

4. 任务总结

通过模拟练习，要求把客运服务人员在服务中的以尊重为本、以宽容为美，同理心，积极热情，自我情绪控制，语言表达能力，良好的沟通能力等服务素养体现出来。通过练习，明白作为一名优秀的客运服务人员，必须具备一定的内在服务素养，这是做好本职工作的根本。

第二节　职业道德

一、道德的概念

道德是一种社会意识形态，是人类社会特有的现象，是人们共同生活及其行为的准则与规范，具有认识、调节、教育、评价及平衡五个功能。道德往往代表着社会的正面价值取向，起着判断行为正当与否的作用，然而，不同时代与不同阶级，其道德观念都会有所变化。目前来说，道德是既对事物负责，又不伤害他人的一种准则。

二、职业道德的概念

职业道德是指人们在职业生活中应遵循的基本道德，即一般社会道德在职业生活中的具体体现，是职业品德、职业纪律、专业胜任能力及职业责任等的总称，是同人们职业活动紧密联系的符合职业特点所要求的道德准则、道德情操与道德品质。职业道德属于自律范围，它通过公约、守则等对职业生活中的某些方面加以规范。职业道德既是本行业人员在职业活动中的行为规范，又是行业对社会所担负的道德责任和义务。

三、职业道德的含义

职业道德的含义包括以下几点。

1）职业道德是一种职业规范，受社会普遍的认可。

2）职业道德是长期以来自然形成的。

3）职业道德没有确定形式，通常体现为观念、习惯、信念等。

4）职业道德依靠文化、内心信念和习惯，通过员工的自律实现。

5）职业道德大多没有实质的约束力和强制力。

6）职业道德的主要内容是对员工义务的要求。

7）职业道德标准多元化，不同企业可能具有不同的价值观。

8）职业道德承载着企业文化和凝聚力，影响深远。

四、职业道德的具体体现

不同的职业有不同的职业道德。职业道德有鲜明的行业性、具体的适用性、内容和形式的多样性、相对稳定性及世代相承连续性的特点。职业道德具体体现为爱岗敬业、诚实守信、办事公道、服务群众和奉献社会。职业道德具有广泛的范畴体系，其主要体现在职业理想、职业责任、职业技能、职业纪律、职业良心和职业荣誉感等方面。

1）职业理想是指从业者对美好目标的向往与追求。在确定职业理想的过程中，要处理好两种关系：在工作选择问题上，要处理好个人兴趣、特长与社会需要的关系；在实际工作中，要处理好个人发展与社会奉献的关系。

2）职业责任是指个人对社会、对他人在本职业范围内应承担的任务。

3）职业技能是指从事本职工作所必须具备的素质，包括实际操作能力、业务处理能力和技术驾驭能力等多方面的内容。

4）职业纪律是强制性和自觉性的统一，因而也具有重要的道德意义。

5）职业良心是职业责任和职业义务在人们心灵深处沉积、转化的结果，是一种自觉自愿地履行职业责任的自律精神。

6）职业荣誉感是与职业责任、职业良心紧密相关的概念，是对该职业人员的道德行为所做出的肯定性的客观价值和主观价值判断。

五、职业道德的评价

职业道德的评价有三种形式，分别是社会舆论、传统习惯和内心信念。社会舆论是来自外部的评价形式，内心信念是自身内部因素的评价形式，而传统习惯既可能以外部因素为主，也可能以内部因素为主，它们共同对从业者的职业道德做出善恶判断，调整着从业者与服务对象之间的关系。

六、职业道德守则

1）遵守法律、法规和有关规定。

2）爱岗敬业，具有高度的责任心。

3）严格执行工作程序、工作规范、工作标准和安全操作规程。

4）工作认真负责，具有高度的责任感和良好的团队精神。

5）爱护设施设备、工具、备品。

6）着装整洁，符合规定，文明生产。

7）钻研技术，努力提高综合素质和管理水平。

七、铁路客运职工的职业道德

勤恳敬业：做到工作勤奋、业务熟练。

廉洁奉公：做到公道正派、不徇私情。

顾全大局：做到团结协作、密切配合。

遵章守纪：做到服从命令、执行标准。

优质服务：做到主动热情、细心周到。

礼貌待客：做到行为端庄、举止文明。

爱护行包：做到文明装卸、认真负责。

八、铁路客运安全红线

铁路客运安全红线是旅客运输过程中不可触碰的高压线，更是不可逾越的行为界限，安全红线的制定要坚持底线思维，坚持问题导向，坚持行为定义，要突出重点、找准关键、精简实用，防止红线过多而降低严肃性。

铁路客运安全红线主要内容如下。

1）干部职工班中饮酒或酒后上岗。

2）客车运行中边门未锁闭上下锁、塞拉门未锁闭隔离锁。

3）站台客运相关作业人力推车（不含轮椅）未实施常态制动。

4）临时停车擅自组织乘降。

5）看车人员在车内抽烟、使用明火照明。

其中客车车门未锁闭因设备原因导致的，经客运、车辆部门确认后，不列入红线。

【课后演练】践行"服务意识决定服务品质"

1. 任务目的

学会在服务中主动观察，积极与乘客沟通，发掘乘客潜在的需求，进而理解服务意识就是满足乘客的潜在需求，服务意识决定服务品质。

2. 任务内容

有一位中年乘客，背着两件行李，满头大汗地搀扶着一位拄拐杖的老人上车，刚上车列车就起动了。这时，客运服务人员走过来，主动为这两位乘客服务。

3. 任务实施

1）依据以上情境，由两位学生扮演乘客，一位学生扮演客运服务人员，具体的情节内容，表演的学生可以再丰富一些。练习时间4min。

2）情景服务练习完毕后，学生讨论服务过程中的得与失。

3）教师对每组的练习进行归纳和总结。

4. 任务总结

服务意识是一种自动自发地乐于为别人提供服务的意愿，是主动满足乘客潜在需求的服务能力，也是以乘客为中心的意识。服务意识是服务人员基本素质中最重要的方面，因为服务意识是创造超值服务、周到服务的根本。服务人员的服务意识决定服务的品质。

复习思考题

一、填空题

1. 职业道德的评价形式有：_____、_____、_____。

2. 铁路客运职工的职业道德有：勤恳敬业、_____、_____、_____、优质服务、_____、爱护行包。

二、选择题 （选择一个或几个正确答案，把选项填在括号中）

1. 客运服务人员的个人修养有（　　　）。

A. 同理心　　　　B. 宽容　　　　　　C. 诚实　　　　　D. 积极热情

2. 客运服务人员的专业素质有（　　　）。

A. 倾听能力　　　B. 思维敏捷　　　　C. 较好的服务礼仪　D. 娴熟的业务知识

三、判断题 （表述正确的在括号中画 "√"，表述错误的在括号中画 "×"）

1. 班前充分休息，工作中精力集中。　　　　　　　　　　　　　　（　　　）

2. 顾全大局应做到团结协作、密切配合。　　　　　　　　　　　　（　　　）

3. 优质服务应做到行为端庄、举止文明。　　　　　　　　　　　　（　　　）

4. 礼貌待客应做到主动热情、细心周到。　　　　　　　　　　　　（　　　）

四、简答题

1. 客运服务人员的服务素养有哪些？

2. 客运服务人员的专业素质有哪些？

第三章

仪容仪表礼仪

【学习目标】

知识目标：掌握客运服务人员仪容的具体要求及制服穿着的礼仪规范。

能力目标：能按照客运服务人员仪容标准及制服穿着规范整理自己的仪容仪表。

素养目标：塑造整洁规范的职业形象，通过严谨得体的细节管理，传递铁路服务的专业性与可靠性，强化旅客信任感并维护行业标准化、高品质的服务形象。

仪容仪表是个人外在形象的主要内容，也是内在修养的外在表现。客运服务人员良好的仪容仪表不仅代表个人形象，还代表了铁路运输企业的形象，甚至整个中华民族的形象，所以在服务过程中，塑造良好的个人形象是服务工作中必不可少的重要内容，也是客运服务人员大局意识的直接体现。本章的主要内容有仪容礼仪和服饰礼仪两个方面。

第一节　仪容礼仪

仪容，通常指容貌，发型、面容及未被服饰遮挡的皮肤修饰状态都属于仪容。在客运服务中，良好的仪容，会给乘客留下良好的印象，提升企业形象。根据《铁路旅客运输服务质量规范》中对仪容礼仪的规定可以将仪容礼仪概括为发部礼仪、面部礼仪、手部礼仪。

扫码看视频

一、发部礼仪

1. 基本要求

1）卫生：干净，无头皮屑。

2）发色：黑色或自然色，不得染发。

2. 具体要求

1）发型整齐，可使用发胶、摩丝定型，不得有蓬乱的感觉，禁止留奇异发型。

2）男性客运服务人员头发长度应满足：前不过眉、侧不遮耳、后不及领、不剃光头的要求。

3）女性客运服务人员短发不短于7cm，最长不得超过衣领底线，超过衣领底线时应使用发网盘发，如图3-1所示，发网颜色及款式应保持统一，使用黑色发卡，刘海应保持在眉毛上方。

二、面部礼仪

1. 基本要求

1）干净整洁，眼角、耳部、鼻腔、嘴角无分泌物。

2）耳部清洁，及时清洁耳朵分泌物。

3）鼻腔干净，鼻毛不外露。

4）牙齿洁净，无食品残留物，班前不吃有刺激性气味的食物，如生葱、生蒜等，饭后应及时漱口。

5）不浓妆艳抹，如图 3-2 所示。

图 3-1　使用发网盘发

图 3-2　面部

2. 具体要求

（1）女性客运服务人员

1）当班前，必须按标准化淡妆，工作中还应注意及时补妆，补妆应在洗手间或休息室进行。

2）唇线的颜色应与口红颜色一致，不得使用紫色、黑色等夸张颜色的口红。

3）眉毛的颜色应接近头发颜色，应修剪秀丽、整齐，眉笔应使用黑色、深棕色。

4）使用眼影，颜色应与制服颜色相协调。

5）画眼线时，颜色应使用黑色、深棕色。

6）香水以清香、淡雅型香水为佳，不可过香、过浓。可喷口香剂保持口气清新。

（2）男性客运服务人员　男性客运服务人员除了遵守基本面部礼仪外，还应该每天剃须。

3. 化妆

化妆，是仪容修饰的方法，也是一种技能。在日常工作中，进行适当的化妆也体现了对乘客的尊重和重视。在客运服务工作中，要求女性客运服务人员"淡妆上岗"。

（1）化妆的原则　客运服务人员在化妆时，应遵守自然淡雅、美观适度、扬长避短、整体协调的原则。

1）自然淡雅。客运服务人员化妆时，应保持妆容的真实和生动，底妆厚重、色彩过白、烟熏妆、眼线过重等都要避免。

2）美观适度。客运服务人员的妆容，应美观大方，适合自己的工作。

3）扬长避短。客运服务人员化妆时，应正确分析自己的面部，保持有优势的方面，弥补不足的方面。

4）整体协调。化妆需要根据自己的职业、年龄、性格及五官特点等因素综合设计，职业妆应使整个妆面协调，并且应与全身的装扮相协调，与所处场合、自己身份等相协调。

【拓展阅读】

面部的标准比例

面部标准比例是判断面部比例是否符合标准的标尺。自我形象塑造能力的先决条件取决于对自身形象正确的判断，再通过一些化妆知识和造型手段将自己的形象塑造得更完美、和谐。判断人面部的具体标准是"三庭五眼"。

1. 三庭

三庭是指将面部纵向地分为三个部分：上庭、中庭、下庭。上庭指从发际线到眉线，中庭指从眉线到鼻底线，下庭指从鼻底线到下巴尖的水平线。化妆时，强调要庭相三等分，也就是均衡的概念。如果三庭比例失调的话，就需要通过化妆技巧来修饰。

2. 五眼

五眼是指以一只眼睛的宽度作为衡量的标准，将面部横向分成五等份。

3. 三点一线

在修饰眉形时，应强调"三点一线"，即眉头、内眼角、鼻翼三点成一条垂线。首先从三点一线中找到内眼角的位置，再向上延伸直至眉头、向下延伸直至鼻翼，鼻翼与外眼角的连线延伸到眉尾。

（2）化妆的程序 化妆的方法和程序因人而异，这里介绍快速简单的工作妆化妆方法。

1）清洁润肤。用洁面乳洁面后，在皮肤快干的时候涂上润肤水，轻轻按摩皮肤使润肤水完全被皮肤吸收。

【拓展阅读】

正确的洗脸方法

取适量洁面乳分别点在下巴、鼻尖、额头、脸的两颊，用中指和无名指轻轻地从下巴开始洗，从下巴至耳根—从嘴角至耳中—从鼻翼至太阳穴—从眉心至太阳穴—从眉心至鼻尖—从眼睛沿眉心到眉尾再到眼角打圈—在嘴巴周围打圈，这样毛孔才能完全打开，把里面的脏东西清洗干净，洗完以后用接近体温的水冲洗干净。

2）遮瑕与涂粉底。黑眼圈和脸上的瑕疵要用遮瑕膏遮盖，遮瑕膏从内眼角推向外眼角。粉底液挤在手背上，用无名指将粉底液分别点在额头、鼻尖、下巴、两颊处，轻柔地在脸上抹均匀，让粉底液完全贴合。

3）散粉定妆。用粉扑蘸上粉，采用轻压的方法，把粉均匀地扑在脸上，尤其是上眼睑、下眼睑及嘴角、鼻翼两侧等部位。

4）画眼线。眼线的画法可借助眼线笔或眼线液来完成。画眼线时，一定注意"中间粗，两头细"的原则。起笔可先从中间开始，由中间往眼尾画，在画到眼尾时，手微微提起，并带动眼线上翘。

5）涂睫毛膏。涂睫毛膏的目的是让睫毛变长、变浓。在涂睫毛膏之前，最好先用睫毛夹把睫毛夹弯，按照先根部再中间再前面的三部曲来进行。涂睫毛膏时，可分为上下两步进行，采用 Z 字涂法。

6）涂眼影。眼影的作用是增加眼部的立体感与明亮感，目的是表现眼部的结构，体现整体化妆风格的韵味。可采用画半圆的方法来涂眼影。

7）画眉毛。眉毛是眼睛最好的衬托，标准的眉形微微带转折、浓淡相宜。眉毛存在着 2/3 的转折，从眉头至眉峰为 2/3，从眉峰至眉梢为 1/3。描画眉形，只需用眉刷刷上与眼影同色系的眉粉即可。

8）打腮红。腮红可采用斜面打法，斜面打法指沿着颧骨下方往耳朵中部、上部斜着打，避免腮红打成一条直线。

9）涂口红。最好选择颜色轻浅的口红，可先用唇线笔画唇，然后再涂上口红。

10）检查妆面。化妆完成后，要全面、仔细地查看妆面的整体效果。

①妆面有无残缺，是否整齐干净。

②妆面是否有晕染明显的界线。

③眉毛、眼线、唇线及鼻影的描画是否左右对称、浓淡平衡、粗细一致。

④颜色搭配是否协调，过渡是否自然。

（3）不同脸型的化妆技巧

1）椭圆脸。椭圆脸是公认的理想脸型，化妆时不需要太多掩饰，应注意保持其自然形状。腮红应在颊部颧骨的最高处，再向上向外扫过去。口红（除嘴唇唇形有缺陷外）应尽量按自然唇形涂抹。画眉毛时，可顺着眼睛的轮廓修成弧形，眉头应与内眼角对齐，眉尾可稍长于外眼角。

2）长脸。脸型偏长的人，在化妆时需要在视觉上增加面部的宽度。涂抹腮红时应注意离鼻子稍远些，在视觉上拉宽面部，可沿颧骨的最高处与太阳穴下方所构成的曲线部位，向外、向上抹开去。上粉底时，若双颊下陷或额部窄小，应在双颊和额部涂浅色调的粉底，造成光影，使之变丰满。眉毛的位置不宜太高，眉毛尾部切忌高翘，应修成弧形，切不可有棱有角。

3）圆脸。圆脸给人可爱、玲珑之感，若要修正为椭圆形并不困难。腮红可从颧骨开始向太阳穴附近轻扫。口红可在上嘴唇涂成浅浅的弓形，不能涂成圆形，以免有圆上加圆之感。利用粉底在两颊造阴影，使圆脸消瘦一点。选用暗色调粉底，沿额头靠近发际处起向下窄窄地涂抹，至颧骨部向下可加宽涂抹的面积，造成脸部亮度，自颧骨以下逐步集中于鼻子、嘴唇、下巴附近部位。眉毛可修成自然的弧形，略微弯曲，不可太平直或有棱角，也不可过于弯曲。

4）方脸。方脸形的人以下颌骨突出为特点，因而在化妆时，要设法加以掩饰，增加柔和感。腮红宜涂抹得与眼部平行，在颧骨稍下处往外扫开，切忌涂在颧骨最突出处。利用暗色调粉底在颧骨最宽处造成阴影，令其方正感减弱，下颌部宜用大面积的暗色调粉底造阴影，以改变面部轮廓。口红可涂得饱满一些，强调柔和感。眉毛应修得稍宽一些，眉形可稍带弯曲，不宜有角。

5）三角脸。三角脸的特点是额部较窄而两腮较阔，整个脸部呈上窄下宽状。化妆时应将下部宽角"削"去，把脸型变为椭圆状。可利用较深色调的粉底在两腮部位涂抹、掩饰。眉毛宜保持自然状态，不可太平直或太弯曲。

6）倒三角脸。倒三角脸的特点是额部较宽大而两腮较窄小，呈上宽下窄状。"心形脸"即指这种脸型。化妆时，需要修饰部分恰恰与三角脸相反。腮红应涂在颧骨最突出处，而后向上、向外扫开。可利用较深色调的粉底涂在过宽的额头两侧，而用较浅的粉底涂抹在两腮及下巴处，造成掩饰上部、突出下部的效果。宜用稍亮些的口红以加强柔和感，唇形宜稍宽厚些。画眉毛时应顺着眼部轮廓修成自然的眉形，从眉头到眉尾由深渐浅，眉尾不可上翘。

【拓展阅读】

卸妆的方法及化妆注意事项

1. 如何卸妆

1）卸除睫毛膏。如果戴了假睫毛，首先将假睫毛取下。其次将化妆棉用眼部专用卸妆液沾湿后对折，闭上双眼，两手各用两根手指将化妆棉上下压住眼睫毛，夹紧包住。注意，睫毛根处也不要忽略。最后等待3~5s，让化妆棉上的眼部专用卸妆液将睫毛膏完全溶解，然后轻轻将化妆棉往前拉出。通常睫毛膏无法一次完全去除，可以更换化妆棉将上面的步骤再重复一次，直至完全清除。

2）卸除眼影及眼线。取一片化妆棉，同样用眼部专用卸妆液将其沾湿。闭上眼，将化妆棉用食指、中指与无名指夹紧，覆盖于眼皮上几秒，然后将化妆棉轻轻地往眼尾擦拭。

3）卸除口红。用面纸按压嘴唇，吸掉口红里的油分。将两片蘸满卸妆液的棉片叠在一起轻敷嘴唇，微笑使唇纹舒展。由外围向唇部中心垂直卸除，不要来回搓。打开嘴角，将棉片对折，清理遗落的残妆。

4）卸除面部妆容。将卸妆产品适量涂抹于脸上，用指腹轻轻按摩脸部，让卸妆产品将脸上的彩妆充分溶解。注意细小的地方如鼻梁两侧、嘴角、发际等处也要彻底卸除。用面纸擦拭面部，如果一次卸不干净，以同样的步骤重复一次。

2. 女性化妆六不宜

1）不宜化妆太浓。浓妆可能导致毛孔堵塞，影响汗液和脂质的正常分泌，引起毛囊炎、痤疮等皮肤疾病。

2）不宜在化妆时拔眉毛。从医学观点看，拔眉不仅会损害生理功能，而且因为破坏了毛囊，化妆品的刺激会导致局部皮肤感染。

3）不宜多用口红。口红中的油脂能渗入人体皮肤，而且有吸附空气中飞扬的尘埃、各种金属分子和病原微生物等的副作用。可能导致各种有害的病菌进入口腔，而且容易引起"口唇过敏症"。

4）不宜用一种颜色的粉底。粉底的颜色比脸部的肤色过深或过浅，都会影响效果，因此，应该多备几种颜色的粉底，随四季肤色的变化而调整。

5）不宜重涂眼影粉。特别是在夏天，出汗时，汗水会将眼影冲入眼内，损害视觉器官，如果再用手揉，更易将细菌带入眼内，染上沙眼或红眼病。

6）不宜频繁补粉。如果频繁补粉，脸上就会出现很不雅观的斑驳，而且鼻子会因不断的油粉混合而发黑。

三、手部礼仪

1）双手要保持清洁健康，指甲可涂透明指甲油，但不得有脱落。

2）指甲修剪整齐美观，无凹凸不平的边角，长度不超过手指尖 2mm，从手心向外看，不超过指尖 1mm，如图 3-3 所示。

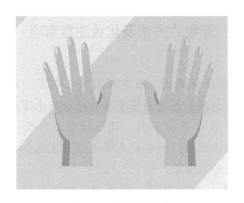

图 3-3　指甲的长度

【课后演练】仪容礼仪——塑造服务形象

1. 任务目的

熟练掌握化妆步骤，能根据自己的面部特点，设计工作妆容，并掌握化妆技术。

2. 任务内容

客运服务人员上岗时应保持头发干净整齐、颜色自然、不理奇异发型、不剃光头。男性两侧鬓角不得超过耳垂底部，后部不长于衬衣领，不遮盖眉毛、耳朵，不烫发，不留胡须；女性发不过肩，刘海长不遮眉，短发不短于 7cm。面部、双手保持清洁，身体外露部位无文身。指甲修剪整齐，长度不超过指尖 2mm，不染彩色指甲。女性淡妆上岗，保持妆容美观，不浓妆艳抹。

3. 任务实施

按标准整理自己的仪容。

4. 任务总结

通过练习掌握仪容标准，以良好的仪容为乘客提供服务。

第二节　服饰礼仪

扫码看视频

服饰，是指服装及配饰。在客运服务中，统一规范并具有铁路运输企业特色的服饰能够反映出企业精神和企业文化，给乘客留下良好的印象，提升企业形象。

一、服装

1. 基本要求

（1）合体　客运服务人员穿着制服必须合体。可以归纳为"四长"，即袖至手腕，衣至虎口，裤至脚面，裙到膝盖。

（2）规范　客运服务人员在执行任务全过程中必须统一着装，按规范穿着制服，不得随意改变制服款式。制服上下不得佩戴任何饰物；着制服当班时，必须佩戴职务标志。在非工作时间，除集体活动外，不得穿制服出入公共场合和乘坐列车。

（3）完整　制服避免出现开线、破损、纽扣丢失等现象，制服一旦出现开线、破洞等情况要立即修补或更换。

（4）清洁　制服要及时换洗，要特别注意领口、袖口等容易脏的地方，与制服同时配套穿着的内衣、衬衫、鞋袜也应及时换洗。

（5）平整　制服穿着要求上衣平整、裤子笔挺，穿前烫平，穿后挂好或叠好；穿制服时，不乱倚、乱靠、乱坐等，如图3-4所示。

图3-4　制服要平整

2. 具体要求

1）女性客运服务人员连裤袜的颜色应统一，不得出现破洞和抽丝等现象。男性客运服务人员袜子的颜色应统一为深蓝色或黑色。

2）外套、上衣、裙子、裤子的纽扣和拉链等应扣好、拉紧。穿着大衣时，须扣好纽扣。夏季制服上装每天都须水洗。衬衣应束在裤子内，女性客运服务人员着裙装时，衬衣应束在裙子内。

3）统一佩戴领带、领花或丝巾；裙子或衬衣的衣袖不得卷起。

4）男性客运服务人员应搭配款式简单大方的黑色皮带。

5）穿着外套、大衣时，必须戴工作帽，但在室内可不戴。

6）皮鞋款式应简洁朴素，不得有任何装饰物，保持光亮无破损，颜色为黑色。

二、佩戴职务标志

1）职务标志应别于左胸上方口袋正中，下边沿距口袋1cm处（无口袋的戴于相应位置）。佩戴臂章时，臂章上缘应当于左袖肩下四指处，不可套于手臂上。

2）穿着围裙时，不可将职务标志佩戴在围裙上。

3）帽徽置于制帽折沿上方正中。

三、配饰

1. 基本要求

1）必须戴时间准确的手表，手表款式、颜色简单不夸张，不得挂怀表。

2）只可佩戴一枚设计简单的金、银或宝石戒指。

3）女性客运服务人员只可戴一副式样和形式简单大方的直径不超过3mm的耳钉，不得佩戴耳环、耳坠等。

4）男性客运服务人员不准佩戴任何饰物。

2. 领带的系法

有些客运服务人员制服还配有领带，领带系法很多，下面介绍领带的常用平结系法。

步骤1：将领带宽的一端绕窄的一端一周形成一个结。

步骤2：将宽的一端由上向下从结中穿出。

步骤3：整理领带。

3. 丝巾的系法

丝巾是常见的女性客运服务人员的职业装配饰，材质较硬的丝巾更容易系出各种造型。

（1）百褶型

步骤1：丝巾按褶型折叠法折叠，用两个稍大的曲别针夹住丝巾的两端。

步骤2：将丝巾挂在脖子上，两端并拢一处。

步骤3：用和丝巾相同色系的橡皮筋把丝巾两头扎起来。

步骤4：把曲别针拿下来，将丝巾褶展开，整理一下丝巾的形状，如图3-5所示。

（2）三角型

步骤1：丝巾对折。

步骤2：将颈后的丝巾两端系成一个结。

步骤3：整理一下丝巾褶的形状，如图3-6所示。

（3）玫瑰花型

步骤1：先把丝巾的两个对角打一个小小的死结。

步骤2：把另外两个角穿过死结下方的洞，交换位置。

步骤3：两头轻轻向两边拉一下，整理花形，如图3-7所示。

图3-5　百褶型　　　　　　图3-6　三角型　　　　　　图3-7　玫瑰花型

【拓展阅读】

正装穿着

扫码看视频

1. 男士正装穿着

一套完整的正装包括衬衫、领带、裤子、正装上衣、腰带、袜子和皮鞋。

（1）正装穿着规范

1）整体要求。衣服合体，熨烫平整、整洁挺括。男士穿着不求华丽、鲜艳，衣着不宜有过多的色彩变化，大致不要超过三色。

2）衬衫选择。正装衬衫应为纯色，以浅色为主，白色最常用。衬衫领口挺括、洁净，衬衫衣领高于正装上衣衣领1.5cm左右；垂臂时，衬衫袖口长于正装上衣袖口1.5cm左右，以显示正装层次。

3）领带的标准。领带是正装的灵魂，在正式场合，男士要打领带，领带有单结、双结、温莎结等系法。领带长度以在皮带扣处为宜。

4）纽扣系法。正装上衣分单排扣和双排扣。单排3粒扣正装上衣，系上方两粒或中间一粒；单排两粒扣正装上衣，系上方一粒；双排扣正装上衣，扣子全部扣上。

5）裤子。裤子长度以触到脚面为宜，裤线熨烫好，裤扣扣好，拉链拉好。

6）口袋。正装上衣外侧口袋和裤子口袋尽量不放物品，名片、笔等轻薄物品可放在正装上衣左内侧口袋。

7）鞋袜。穿正装配黑色袜子、黑色皮鞋，鞋面清洁光亮，袜筒不易过短。

（2）正装穿着禁忌　一忌裤子过短；二忌衬衫放在裤子外面；三忌不扣衬衫扣；四忌

抬臂时正装上衣袖子长于衬衫袖；五忌正装的衣、裤袋内鼓鼓囊囊；六忌领带太短（一般长度为领带尖盖住皮带扣）；七忌正装上衣所有扣都扣上（双排扣正装上衣则应都扣上）；八忌正装配便鞋（休闲鞋、球鞋、旅游鞋等）。

2. 女士正装穿着

女士的正装比男士的有些变化，合适、得体的正装能增添女士的自信。

（1）女士正装选择

1）正装应选择质地上乘的面料，上衣与裙子应使用同一种面料。

2）正装套裙色彩的选择应淡雅、庄重，不宜选择过于鲜亮、扎眼的色彩。套裙要与工作环境相协调，选择以浊色调、冷色调为主，上、下身色彩可一致，也可以是两种不同颜色。

3）正装套裙款式。套裙款式很多，如一步裙、A字裙等。

4）正装款式有职业套裙、职业套裤、分身半职业装、束腰职业装等。

（2）女士正装穿着规范

1）上衣。上衣讲究平整挺括，使用较少饰物和花边进行点缀。

2）裙子。以窄裙为主，年轻女性的裙子下摆可在膝盖以上3~6cm，但不可太短；中老年女性的裙子应在膝盖以下3cm左右。真皮或仿皮的正装套裙不宜在正式场合穿着。

3）衬衫。以单色为最佳选择。衬衫的下摆应束入裙腰内，不要在腰间打结；衬衫的纽扣除最上面一粒可以不系上，其他纽扣均应系好。

4）鞋袜。鞋子应是高跟鞋或中跟鞋，款式应以简单为主。袜子应是高筒袜或连裤袜，一般不要选择鲜艳、带有网格或有明显花纹的丝袜。丝袜颜色应与正装套裙相协调。

5）女士配饰。正式场合配饰要考究，不佩戴粗制滥造的饰物，要求质地、做工考究，避免佩戴发光、发声、艳丽夸张的饰物。手提包、首饰、袜子、丝巾、胸花等配饰要具有整体美感。

【课后演练】着制服，知礼仪，展英姿

1. **任务目的**

掌握客运服务人员穿着制服的规范。

2. **任务内容**

客运服务人员上岗时服饰规范有两个方面：

1）着装方面：按岗位着装统一，衣扣拉链整齐。着裙装时，丝袜统一，无破损。衬衣束在裙子或裤子内。外露的皮带为黑色。佩戴的外露饰物款式简洁，限手表一只、戒指一枚，女性还可佩戴发夹、发箍或头花及一副直径不超过3mm的耳钉。不歪戴帽子，不挽袖子和卷裤脚，不敞胸露怀，不赤足穿鞋，不穿尖头鞋、拖鞋、露趾鞋，鞋的颜色为深色系，鞋跟高度不超过3.5cm，跟径不小于3.5cm。

2）配饰方面：佩戴职务标志，胸章牌（长方形职务标志）戴于左胸上方口袋正中，下边沿距口袋1cm处（无口袋的戴于相应位置），包含单位、姓名、职务、工号等内容。

臂章佩戴在上衣左袖肩下四指处。按规定应佩戴制帽的工作人员，在执行职务时戴上制帽，帽徽在制帽折沿上方正中。除列车长外，其他客运服务人员在车厢内作业时可不戴制帽。

3. 任务实施

根据所学知识进行客运服务人员服饰搭配并分组展示，展示形式自行设计。

4. 任务总结

通过着装塑造，以标准规范的着装为乘客提供服务。

复习思考题

一、填空题

1. 男性客运服务人员头发长度应满足_____、_____、_____、_____的要求。

2. 女性客运服务人员短发不短于_____cm，最长不得超过_____，超过时应使用发网盘发。

3. 客运服务人员在化妆时，应遵守_____、_____、_____的原则。

4. 女性客运服务人员可佩戴发夹、发箍或头花及一副直径不超过_____的耳钉。

5. 皮鞋款式应简洁朴素，不得有任何装饰物，保持光亮无破损，颜色为_____。

二、选择题（选择一个或几个正确答案，把选项填在括号中）

1. 关于客运服务人员的面部，说法正确的是（   ）。

A. 耳部清洁　　　　B. 鼻腔干净　　　　C. 牙齿洁净　　　　D. 不浓妆艳抹

2. 关于客运服务人员的手部，说法正确的是（   ）。

A. 清洁健康　　　　　　　　B. 指甲修剪整齐美观

C. 指甲长度不超过手指尖2mm　　　D. 可做美甲

3. 属于客运服务人员穿着制服基本要求的是（   ）。

A. 合体　　　　B. 规范　　　　C. 完整　　　　D. 清洁

4. 关于客运服务人员佩戴职务标志，说法正确的是（   ）。

A. 职务标志应别于左胸上方口袋正中，下边沿距口袋1cm处

B. 佩戴臂章时，臂章上缘应当于左袖肩下四指处

C. 穿着围裙时，不可将职务标志戴在围裙上

D. 标志应戴于美观的位置

5. 关于客运服务人员的服饰，说法正确的是（   ）。

A. 统一佩戴领带、领花或丝巾

B. 男性客运服务人员应搭配款式简单大方的黑色皮带

C. 穿着外套、大衣时，必须戴工作帽

D. 女性客运服务人员着裙装时，衬衣应束在裙子内

三、判断题 （表述正确的在括号中画 "√"， 表述错误的在括号中画 "×"）

1. 客运服务人员应做到妆容、全身、身份、场合协调。 （　　）

2. 客运服务人员只可佩戴一枚设计简单的戒指。 （　　）

3. 女性客运服务人员连裤袜的颜色应统一为肉色，不得出现破洞和抽丝等现象。

（　　）

4. 在非工作时间，除集体活动外，不得穿制服出入公共场合和乘坐列车。 （　　）

5. 当班前，必须按标准化淡妆，工作中还应注意随时补妆。 （　　）

四、简答题

自己与客运服务人员的仪容要求有什么差距？如何缩小差距？

第四章

仪态礼仪

知识目标：掌握客运服务人员仪态礼仪的具体要求。

能力目标：能按客运服务人员标准仪态礼仪服务乘客。

素养目标：培养规范得体的举止、从容大方的服务姿态，展现铁路服务的专业素养与人文关怀，提升旅客信任感并维护行业可靠的服务形象。

仪态礼仪是指服务工作中的站、坐、行、蹲、指引手势等服务姿态，是服务工作中无声的语言，也是铁路运输企业的流动名片，可以展现企业员工的品质、修养、学识、文化等素养。客运服务人员良好的仪态礼仪是为乘客提供满意服务的基础，也是提升企业形象的重要途径。在服务过程中，塑造良好的服务形象不仅是服务工作的重要内容，更是客运服务人员职业素养的直接体现。本章的主要内容有客运服务人员的站姿、坐姿、行姿、蹲姿和手势五个方面。

第一节　站姿

站姿是客运服务工作中经常使用的服务姿态，又是行姿、蹲姿、手势、鞠躬等服务姿态的基础。

扫码看视频

一、基本要求

客运服务人员的站立姿态应该遵循精神饱满、自然大方的基本原则，由于性别的差异，男女士的站姿不同，女士站姿秀气柔美，而男士站姿则要刚劲大气。男性和女性客运服务人员在站立姿势方面的差异，主要表现在手位和脚位上。

1. 男性客运服务人员的站姿

1）体侧式。双手自然下垂，脚跟并拢，脚尖分开 45°～60°，双脚呈 V 字形。

2）体前交叉式。左手大拇指内收微握拳，右手于腹前握左手手腕；两脚分开略窄于肩宽，两脚脚尖微微向外打开，呈小八字状，如图 4-1 所示。

3）体后交叉式。左手大拇指内收微握拳，右手于体后握左手手腕；两脚分开略窄于肩宽，两脚脚尖微微向外打开，呈小八字状，如图 4-2 所示。

图 4-1　体前交叉式

图 4-2　体后交叉式

2. 女性客运服务人员的站姿

1）体侧式。双手自然下垂，脚跟并拢，脚尖分开 45°～60°，双脚呈 V 字形，如图 4-3 所示。

2）体前交叉式。左手四指并拢，右手握左手手指，自然垂于腹前；双腿并拢、左脚脚跟靠在右脚内侧中间，脚尖分开 45°，两脚呈"丁"字位，如图 4-4 所示。

图 4-3　体侧式

图 4-4　体前交叉式

二、站姿禁忌

不良的站姿会让乘客感受到服务人员精神不振，进而对企业的整体形象产生负面影响，以下姿态被视为不雅或无礼的姿态，应当避免。

1. 身体歪斜

客运服务人员站立时，若是身躯出现明显的歪斜，不但破坏人体的线条美，而且还会给人颓废萎靡、工作不够积极的感觉。

2. 弯腰驼背

腰部弯曲、背部弓起、颈部弯缩、胸部凹陷、腹部凸出、臀部掀起等一些不良体态，会显得一个人精神状态不佳，严重的还会影响健康。

3. 趴伏依靠

客运服务人员在工作场合中要确保自己站姿标准，倚靠墙壁、桌柜等都是不允许的。

4. 手位不当

双手抱于脑后、手托下巴、双手抱于胸前、双手叉腰、手插口袋等站立手位都会破坏站姿的整体效果，在服务工作中禁止使用。

【课后演练】标准站姿，展服务风采

1. 任务目的

掌握客运服务人员站姿标准。

2. 任务内容

客运服务人员上岗时站立姿态应该精神饱满、自然大方，男性客运服务人员的站立姿态有体侧式、体前交叉式、体后交叉式，女性客运服务人员的站立姿态有体侧式、体前交叉式，女士站姿应秀气柔美，而男士站姿则要刚劲大气。

3. 任务实施

1）背靠背站立。两人一组，要求两人后脚跟、小腿、臀、双肩、脑后枕部相互紧贴。

2）顶书训练。头顶书，保持书平衡，可以检测是否头正、颈直。

3）背靠墙练习。做到脚后跟、小腿肚、臀部、肩胛骨、后脑勺靠墙。

4. 任务总结

通过练习掌握正确的站姿，从而能以良好的仪态为乘客提供服务。

第二节 坐姿

坐姿是铁路客运服务工作中比较重要的仪态表现，良好的坐姿不仅展现了服务人员的专业素养，更是企业形象的重要体现。

扫码看视频

一、基本要求

坐姿包括入座、坐姿和离座三个环节，女士动作与男士也有差异。

入座要轻稳。男士入座时走到座位前转身后，右脚向后退半步，轻稳坐下，再把右脚与左脚并齐。女士入座时应先背对着座椅站立，右脚后撤，来确认椅子的位置，再抚裙落座。落座后，抬头挺胸，身正背直，双目平视，下颌微收，面带微笑，双腿自然弯曲，双肩自然放松，两臂自然弯曲。

1. 女性客运服务人员坐姿

（1）坐姿标准

1）双膝自然并拢。

2）臀部坐在椅子1/2处。

3）双手叠放在膝面上。

（2）女士常见的坐姿

1）正坐式。双腿并拢，上身挺直、落座，两脚两膝并拢，两手搭放在双腿上，置于一侧大腿部的1/2处。要求上身和大腿、大腿和小腿都应成直角，小腿垂直于地面，双膝、双脚包括两脚的脚跟都要完全并拢。入座时，若是女士着裙装，应用手先将裙摆稍稍拢一下，然后坐下。

2）开关式。要求上身挺直，大腿靠紧，一脚在前，一脚在后，前脚全脚着地，后脚脚掌着地，双脚前后要保持在一条直线上。

3）双腿斜放式。双膝先并拢，然后双脚向左或向右斜放，力求使斜放后的腿部与地面呈45°。这种坐姿适用于穿裙子的女士在较低处就座时使用，如图4-5所示。

4）双腿叠放式。将双腿一上一下交叠在一起，双腿斜放于左或右一侧，斜放后的腿部与地面呈45°，这种坐姿适合于穿短裙的女士采用，如图4-6所示。

图4-5　双腿斜放式

图4-6　双腿叠放式

2. 男性客运服务人员坐姿

（1）坐姿标准

1）两脚分开略窄于肩宽。

2）臀部坐在椅子2/3处。

3）双手叠放在左右膝面上。

（2）男士常见的坐姿

1）正坐式。上身挺直、坐正，双腿自然弯曲，小腿垂直于地面，两脚两膝分开为一脚长的距离，双手以自然手型分放在两膝上或椅子的扶手上，如图 4-7 所示。

2）重叠式。右（左）小腿垂直于地面，左（右）腿在上重叠，小腿向里收，脚尖斜向下，双手放在腿上或扶手上。

二、坐姿禁忌

1）侧肩、耸肩、上身不正。

2）含胸或过于挺胸。

3）双臂交叉抱于胸前。双手抱于腿上或夹在腿间。

4）趴伏桌面，背部拱起。

5）跷二郎腿，叉开过大，腿部伸出过长。

6）腿脚抖动，蹬踏他物，脚尖指向他人。

图 4-7　正坐式

【课后演练】优雅入座，展文明形象

1. 任务目的

掌握客运服务人员坐姿标准。

2. 任务内容

客运服务人员上岗时坐姿应该动作得当，不应出现上身不正、跷二郎腿等不良动作。男性客运服务人员的坐姿有正坐式、重叠式；女性客运服务人员的坐姿有正坐式、开关式、双腿斜放式、双腿叠放式等。

3. 任务实施

变换不同坐姿，每种坐姿持续 5min。

4. 任务总结

通过练习掌握正确的坐姿，从而能以良好的仪态为乘客提供服务。

第三节　行姿

行姿（图 4-8）是客运服务人员的基本姿态之一，它以端正的站姿为基础，工作过程中使用最多，也代表着企业的形象。

扫码看视频

一、基本要求

1）上身挺直，双肩平稳，头正、挺胸、收腹、立腰，重心稍向前倾，步态轻盈敏捷。

2）双臂前后自然摆动，前摆动约 35°，后摆约 15°。

3）起步时，身体微向前倾，两脚内侧落地。不要将重心停留在后脚，并注意在前脚着地和后脚离地时要伸直膝部。

4）步幅适当。一般前脚的脚跟与后脚的脚尖之间的距离约为脚长，但因性别不同、身高不同、服饰不同，步幅的大小也有一定的差异。要做到步伐稳健，步履自然，有节奏感，保持一定的速度。

二、行姿规范

在具体工作中，客运服务人员的行姿有着不同的要求和规范。

1）与乘客迎面相遇时，应放慢脚步，面带微笑目视乘客表示致意，并伴随礼貌的问候用语。以"右侧通行"原则，让乘客先行。

2）陪同引领乘客时，与乘客同行，应遵循"以右为尊"的原则，客运服务人员应走在乘客的左前方两三步的位置。行进步速需与乘客步幅保持一致。

3）遇乘客身体不适需搀扶时，注意步速与对方保持一致，在行进过程中适当停顿，询问乘客身体状况。

三、行姿禁忌

图 4-8　行姿

客运服务人员在工作岗位上不应出现如下的行姿，要尽量控制和克服不良行姿的出现。

1）走路"内八字"或"外八字"。

2）蹬踏和拖蹭地面。

3）步速过快或过慢。

4）双手插兜或背于身后。

5）低头驼背、左顾右盼。

 【课后演练】端庄行姿——步步精心，步步尊重

1. 任务目的

掌握客运服务人员行姿标准。

2. 任务内容

客运服务人员行走时应上身挺直，双肩平稳，头正、挺胸、收腹、立腰，重心稍向前倾，步态轻盈敏捷，男性客运服务人员和女性客运服务人员的行姿标准略有不同。

3. 任务实施

1）画直线或沿着地面砖的直线缝隙进行直线行走练习。

2）顶书练习，以标准姿势站好，出左脚时，脚跟着地，落于离直线 5cm 处，迅速过渡到脚尖，脚尖稍向外，右脚动作同左脚，注意立腰、挺胸、展肩。

4. 任务总结

通过练习掌握正确的行姿，从而能以良好的仪态为乘客提供服务。

第四节　蹲姿

扫码看视频

蹲姿在客运服务工作中常用于捡拾物品、为坐姿或身高较低的乘客（如小朋友）服务的情景。

一、基本要求

站在要拾取物品的旁边，一脚前、一脚后，弯曲双膝，不要低头，双脚支撑身体，蹲下时要保持上身的挺拔，体态自然。

1）高低式蹲姿。两膝一高一低。男士膝盖朝向前方，女士膝盖相贴靠，如图4-9、图4-10所示。

2）交叉式蹲姿。这一方式仅限于女士。蹲下时双膝交叉在一起，两腿交叉重叠，后腿脚跟抬起，脚掌着地，上身略向前倾，如图4-11所示。

图4-9　男士高低式蹲姿

图4-10　女士高低式蹲姿

图4-11　女士交叉式蹲姿

二、蹲姿禁忌

1）行进中突然下蹲。

2）背对他人、正对他人蹲下。

3）女士着裙装时下蹲毫无遮饰。

4）正常工作中蹲姿休息。

【课后演练】下蹲的礼仪

1. 任务目的

掌握客运服务人员蹲姿标准。

2. 任务内容

客运服务人员捡拾物品、为坐姿或身高较低的乘客（如小朋友）服务时需要蹲姿。男性客运服务人员的蹲姿为高低式，女性客运服务人员的蹲姿有高低式和交叉式两种，而男性客运服务人员与女性客运服务人员的高低式蹲姿不同。

3. 任务实施

设置情景，有意识地控制平衡，保持蹲姿 3min，形成良好的习惯。

4. 任务总结

通过练习掌握正确的蹲姿，从而能以良好的仪态为乘客提供服务。

第五节 手势

扫码看视频

手势是客运服务人员人际交往中不可缺少的体态动作，是表现力极强的"体态语言"，得体的手势有助于增强人们表情达意的效果，能表达口头语言所无法表达的内容和情绪，起到加强、说明、解释等辅助作用。在接待乘客时不仅要掌握规范的手势，还应了解不同国家、不同地区、不同民族的手语习惯，避免产生误解、使人不快。

一、客运服务人员手势的基本要领

做手势时，手掌自然伸直，掌心向内向上，五指并拢，手腕伸直，手和小臂呈一条直线，肘关节自然弯曲。还要注意与面部表情、语言和身体其他部位的配合，这样才能体现出对乘客的尊重和礼貌。

二、客运服务人员常用手势

1. 横摆式

五指并拢，手掌自然伸直，手心向上，肘微弯曲，腕低于肘。手从腹前抬起，以肘为轴摆动至身体一侧。同时，脚跟并拢，脚尖分开，女士也可以"丁"字步站立，头与身体也随之向摆手侧微倾斜，另一只手放于腹前或身体一侧。目视乘客，面带微笑，以示对乘客的尊重、欢迎。这是在表示"请""请进"时常用的手势动作。

2. 直臂式

掌心向上，手指伸直并拢，屈肘从身前抬起，向所指引的方向抬到与肩同高时停止，肘关节伸直，同时目视所指的方向，面带微笑。在需要给乘客指向远处时，多采用直臂式。

3. 斜摆式

在请乘客落座时，手势摆向座位的方向。手要先从身体的一侧抬起，到高于臀部后再向下摆去，使大小臂呈一条斜线，身体微转向所指引的方向。多在请乘客落座、指示方向时采用。

4. 高位式

大臂与地面平行，大臂与小臂呈120°。五指自然并拢，掌心向上，手背与地面呈

45°，目光朝向所指方向。

三、不良手势

在客运服务工作中要避免以下不良手势。

1）在工作场所，手势范围过大

2）与人交谈时，讲到自己时用手指着自己的鼻子，或将手掌按在自己的胸口上；谈到别人时，用手指着别人，以及背后指指点点等。

【课后演练】用手势展示服务礼仪

1. 任务目的

掌握客运服务人员手势标准。

2. 任务内容

手势在客运服务人员工作中常用于指引方向、加强说明，有横摆式、直臂式、斜摆式、高位式等，不同的手势使用场景也不相同。

3. 任务实施

设置情景，练习手势，形成良好的习惯。

4. 任务总结

通过练习掌握正确的手势，从而能以良好的仪态为乘客提供服务。

复习思考题

一、填空题

1. _____是指服务工作中的站、坐、行、蹲、指引手势、鞠躬等服务姿态。

2. 客运服务人员的站立姿态应该遵循_____、_____的基本原则。

3. 与乘客迎面相遇时，应放慢脚步，面带微笑目视乘客表示致意，并伴随礼貌的问候用语。以_____原则，让乘客先行。

二、选择题 （选择一个或几个正确答案，把选项填在括号中）

1. 属于客运服务人员站姿禁忌的是（   ）。

A. 身体歪斜　　　　B. 弯腰驼背　　　　C. 趴伏依靠　　　　D. 手位恰当

2. 下列不属于标准坐姿的是（   ）。

A. 趴伏桌面　　　　B. 跷二郎腿　　　　C. 正襟危坐　　　　D. 脚尖指向他人

3. 符合客运服务人员行姿标准的是（   ）。

A. 上身挺直　　　　B. 步幅适当　　　　C. 步态轻盈敏捷　　　　D. 双臂前后自然摆动

4. 在需要指向远处时，多采用（   ）。

A. 横摆式　　　　B. 斜摆式　　　　C. 高位式　　　　D. 直臂式

三、判断题 （表述正确的在括号中画 "√"，表述错误的在括号中画 "×"）

1. 在工作场所，手势大小应适度。　　　　　　　　　　　　　　　　　（　　）

2. 与人交谈，谈到别人时，不可用手指着别人，更忌讳背后指指点点等不礼貌的手势。　　　　　　　　　　　　　　　　　　　　　　　　　　　　　　（　　）

3. 客运服务人员在站立时，不良的站姿会让乘客感觉到其精神不振，从而影响企业形象。　　　　　　　　　　　　　　　　　　　　　　　　　　　　　（　　）

4. 客运服务人员坐时双手可抱于腿上。　　　　　　　　　　　　　　　（　　）

四、简答题

客运服务人员的坐立、行走有哪些要求？

第五章

沟通礼仪

【学习目标】

知识目标：掌握客运服务人员的礼貌用语和沟通技巧。

能力目标：能熟练应用礼貌用语恰当服务。

素养目标：培养端正的服务意识和良好的礼仪素养，塑造安全可靠、有温度的铁路服务形象。

第一节　表情礼仪

表情是完成精细信息沟通的语言形式之一，恰当的表情能够在沟通中产生事半功倍的效果，客运服务人员应练习控制表情，确保在服务工作中能从整体利益出发，展现出企业的良好形象。

一、目光

人的态度、情绪变化可以从眼睛中反映出来，目光的注视往往是见面交流的第一步。"眉目传情"说的就是目光可以传达出我们的思想和感情，并且，这种情感的流露比语言更加真实、直接、有效。

1. 视域

视域是指人们目光所及之范围。当目光注视某一较小范围超过5s，可以称之为凝视，目光的凝视区域是指人的目光所落的位置。根据交往对象和场合的不同，目光凝视区域一般分为以下三种情况。

1）公务凝视区域：以两眼为底线，额中为顶角形成的正三角区。这种凝视会显得严肃认真，对方也会觉得你有诚意，容易把握住谈话的主动权和控制权。

2）社交凝视区域：两眼为上线、下巴为顶角所形成的倒三角区。这种凝视能给人一种平等、轻松感，从而创造出一种良好的社交气氛。

3）亲密凝视区域：双眼到胸部之间方形区域。这是亲人、恋人、家庭成员之间使用的一种凝视，往往带着亲昵爱恋的感情色彩，所以非亲密关系的人不应使用这种凝视，以免引起误解。

客运服务人员与乘客交流时，应让乘客感觉到轻松愉快，一般目光凝视区域应落在社交凝视区域。

2. 视线

视线的把握，要求我们注意目光注视的角度。视角可以分为以下三种。

（1）平视　观察物与眼睛平齐即为平视。与人交谈时应当尽量做到平视对方。在服务工作中，平视表现出双方地位的平等。

（2）仰视　抬头朝上看表现出敬仰、高度重视的态度。铁路客运服务中，只有当客运服务人员所处位置较低时才需抬头向上仰视。

（3）俯视　俯视往往带有自高自大、傲慢不屑的意味，服务中应该避免这种注视，如果对方的位置低于自己的眼睛，例如，乘客坐在座位上，客运服务人员站着时，应当轻微俯身或蹲下，尽量减小俯视的视角差。

3. 目光运用技巧

（1）正视　与人打招呼、交谈、致谢、道歉时，眼睛看着对方，会使人感到你的真诚、友好、信任、尊重。斜眼看人、扭头视人，都是不礼貌的行为。

（2）注视　与人交谈时，往往会伴有目光的交流。面对面交谈时，出于礼貌，我们需要注视对方。如果左顾右盼、东张西望，对方会感觉你缺乏诚意。同时，注视时应当正确把握视域，注视对方的头顶、胸部、腹部、臀部或大腿都是不礼貌的表现，特别是在与异性的交谈中，要特别注意控制视域。

（3）目光禁忌　目光的运用应该让目光均匀地洒在对方脸上。如果交流中出现短暂的沉默，应当将视线暂时从对方脸上移开，恢复交谈时再注视对方的脸部。一直盯着人看，会给对方造成心理压力，让其感到紧张。用目光上下打量他人称为扫视，这种目光会让被扫视的人感觉自己被怀疑、不被尊重。在铁路客运服务工作中，客运服务人员与乘客交流时避免盯视、扫视。

二、微笑

微笑是真诚友好的表现，它是无声的语言，可以创造和谐融洽的气氛，让人感觉到愉快和温暖，是人际交往的润滑剂。

1. 微笑的意义

日常生活中，笑容有很多种：大笑、微笑、偷笑、冷笑、嘲笑等。每一种笑容都传达出不同的心理，令人产生不同的感受。只有微笑给人以平静、柔和、亲切、善意、信任之感，成为交往中的礼貌举止。人际交往中，保持微笑，具有以下作用。

1）表现心境良好。面露平和欢愉的微笑，说明心情愉快、充实满足、乐观向上，这样的人更容易展示性格魅力，也更容易吸引他人。

2）表现充满自信。保持微笑，表明对自己的能力有充分的信心，使人产生信任感，容易被别人接受。

3）表现真诚友善。微笑反映自己心底坦荡，善良友好，待人真心实意，而非虚情假意，使人在与其交往中自然放松，不知不觉地缩短了心理距离。

4）表现乐业敬业，工作岗位上保持微笑，是热爱本职工作、乐于恪尽职守的表现。同时，微笑可以创造一种和谐融洽的气氛，让服务对象倍感愉快和温暖。

2. 微笑的要领

微笑是指嘴角上扬的浅笑，往往笑不露齿。但是，在服务接待工作中，尤其是女性服务员，露出牙齿的笑容看上去更加甜美、亲切。因此，有"露出 8 颗牙齿的微笑最美丽"之说。不论露齿与否，微笑都应面含笑意，笑不作声。

微笑时，先要放松自己的面部肌肉，然后让自己的嘴角两端向上翘起，使嘴唇呈现弧形。

练习微笑时，可以站在镜子前，按照上述微笑的方法反复练习。每次微笑时，保持几秒钟，对比寻找出自己感觉最美的微笑。闭上眼睛，继续重复刚才的动作，感觉面部肌肉的位置。当最美的微笑动作熟练成自然后，你就可以随时随地、轻松地呈现自己美丽的微笑了。

【拓展阅读】

"微笑的脸"

科学研究表明，人类一出生就会微笑。不经意间露出笑容时，我们在想些什么？虽然刚出生时还没有复杂的意识，但一个浅浅的微笑，仿佛已将我们和世间美好联系在一起。

世界微笑日由世界精神卫生联盟确立于 1948 年，它是唯一一个庆祝人类行为表情的节日。世界精神卫生联盟希望通过鼓励微笑来促进人类身心健康，同时在人与人之间传递愉悦与友善，增进社会和谐。

长河，落日，万里铁道线上，无数铁路人奋战在一线，他们用阳光般的微笑，温暖着每个角落。

售票员，礼貌待人，热情服务。谈笑间，高效服务旅客，用笑容给自己一份信心，用笑容向旅客传递友善。

列车员，靓丽的制服，挺拔的身姿，随时为旅客提供最优质贴心的服务，微笑是他们工作的一部分，时刻让旅客体会到宾至如归的温馨，他们用微笑装扮了沿途的风景。

车站值班员，在车站的控制室里时刻准备着，处理接发列车进路中的突发故障，保证列车安全、准时地进出站，他们的笑是成竹在胸。

信号工，巡查轨道电路，检修信号设备，年复一年的酷暑严寒，依然保持专注，日复一日设备的稳定运行使他们露出欣慰的笑容。

春意藏，夏初长，清风吹来的花香，和五月天的阳光，都比不过辛勤铁路人的微笑。

看，迎面走来的铁路人是你们吗？

【课后演练】微笑无需言语，真诚传递无限

1. 任务目的
掌握沟通礼仪中的微笑表情规范。

2. 任务内容
表情主要包括目光和微笑两个组成部分，恰当的表情在服务工作中起着非常重要的作

用，表情的控制需要经常练习。

3. 任务实施

设置服务情景，练习微笑服务规范。

4. 任务总结

通过练习掌握微笑的表情规范，牢记微笑的重要性，把个人形象与企业形象结合起来，培养专业素养。

第二节　称呼礼仪

每一位客运服务人员都是礼仪大使，在服务工作中都应以主人翁的精神，通过语言、动作、姿态、表情、仪表等体现对乘客的友好和敬意。在客运服务中，恰当的称呼是沟通的基础。

一、常用的称呼方式

1. 生活中的称呼

（1）对亲属的称呼　生活中，对亲属的称呼大致包括爷爷、奶奶、外公、外婆、舅舅、姨妈、大伯、叔叔、哥哥、姐姐、弟弟、妹妹等。

（2）对朋友、熟人的称呼　称呼朋友、熟人时，不但要表现出亲切、礼貌、友好，还要表现出敬意。例如，对长辈应该称呼"您"。为了表示亲切，可在对方的姓氏之前加上"老""小"进行称呼，例如，"老李""小张"等。

（3）对普通人的称呼　对普通人一般称呼先生、女士等。在服务过程中遇见年长的人，可以称呼大爷、大妈等。

2. 工作中的称呼

（1）根据行政职务称呼　根据行政职务称呼是在较为正式的工作场合中使用的一种称呼，例如，王经理、李主任等。

（2）根据技术职称称呼　在工作交往中，遇到具有技术职称的人，尤其是具有高级、中级职称者，可按技术职称称呼，例如，张工、王教授等。

（3）根据学术头衔称呼　在重要工作场合或学术会议活动中，用学术头衔称呼，可以增加其权威性并且表示尊重，例如，赵博士等。

二、称呼的禁忌

在交往中，称呼不当就会失敬于人、失礼于人，因此一定要注意称呼的禁忌。

1. 错误的称呼

称呼对方时，叫错对方的姓名是极不礼貌的，也是社交中的大忌。外国人的姓名在发音和排列顺序上同中国人的姓名有很大的差别，如果没有听清楚或没有把握，宁可多问对方几次，也不要贸然叫错。对被称呼者的年龄、辈分、婚否及同其他人的关系做出错误判断，也会出现错误的称呼，需谨慎。

2. 易产生误会的称呼

不论是自称还是称呼他人，要注意不要使用让对方产生误会的称呼。例如，"爱人"，中国人习惯把自己的配偶称为"爱人"，而外国人则将"爱人"理解为"婚外恋"的"第三者"。还有"老人家"等称呼，在西方国家容易让人感到被冒犯，应避免使用。

3. 带有歧视、侮辱性的称呼

在任何情况下，绝不能使用歧视性、侮辱性的称呼。

4. 日常称呼

在正式场合，忌使用庸俗的称呼或用绰号作称呼，例如，"哥们儿""姐们儿""死党"等，更不能将爱称公之于大庭广众面前。

三、对铁路服务对象的称呼

铁路客运服务中，对乘客应称呼恰当，统称为"乘客们""各位乘客""乘客朋友"，单独称呼应称为"先生""女士""小朋友"和"同志"等。

【拓展阅读】

高铁服务，温暖人心

案例1：2006年，原沈阳铁路局大连站客运车间值班站长刘晓云成为新一任"吕玉霜服务台"负责人后，刘晓云用更加坚定执着的信念、精益求精的服务、无私仁爱的情怀迎送八方乘客，把"吕玉霜服务台"打造成闪亮的名片。乘客服务台这个看似平凡的岗位，承载的却是将万千乘客充满疑虑的问号拉直，变成圆满叹号的期冀。刘晓云深知，在家千日好，出门一日难。只有为乘客提供更加温馨方便的服务，才能为乘客铺就出行的坦途。根据师傅吕玉霜传授的经验和自身经验的积累，刘晓云总结摸索了一套"六用"服务法，即：巧用礼仪表达、热用英语对话、通用哑语手势、活用人文地理常识、擅用常见疾病应急处置、妙用新媒体服务平台。这些服务方法一经推广，乘客们纷纷点赞。她把大部分休息时间都花在背诵全国铁路主要干线的停车站、列车到开时间、换乘车站和票价上。倒背如流后，她又开始背诵大连市及近郊的大型企事业单位、高等院校、医院、部队、酒店、旅行社、风景区的地址、行走路线和总机号，达到滚瓜烂熟的程度，为的是给乘客提供更为周到的咨询服务。在乘客眼中，刘晓云成了"百问不倒""百答不烦"的"活字典"和"活地图"。

案例2：中国铁路广州局集团有限公司岳阳东站积极践行"一心一意为乘客服务，一举一动让乘客满意、一言一行对乘客负责"的服务承诺，该站还总结了"察言观色，了解乘客心；文明用语，温暖旅客心；真情相待，感化乘客心；无私奉献，打动乘客心"的"四心"服务法，并推行开门迎客"笑脸服务"，在进站口向乘客"鞠一个躬，送一个微笑，问一声好"，让春运期间出行的乘客有宾至如归的感觉。乘客们评价说"正是这种高素质的客运服务人员用他们温暖热情的服务和一张张美丽的笑脸，带给了我们对铁路服务全新的感受，使得我们的旅途少了一些无聊，多了一些舒心。"

【课后演练】礼貌用语，温暖如春日阳光

1. 任务目的

掌握沟通礼仪中称呼的基本准则。

2. 任务内容

恰当的称呼是沟通的基础，在客运服务中，可以称呼乘客为"先生""女士""小朋友"等。

3. 任务实施

设置服务情景，练习称呼服务规范。

4. 任务总结

通过练习掌握恰当的称呼，为沟通打好基础。

第三节　沟通技巧

沟通是通过语言和仪态举止等方式传递信息，并取得对方理解的过程。恰当的沟通往往可以起到良好的效果。客运服务人员掌握沟通技巧，可以提高沟通效率，赢得乘客的好评。

一、倾听

客运服务中，沟通不仅需要语言表达，更需要听。倾听是客运服务人员与乘客进行有效人际沟通的前提，是接收乘客口头语言信息，确定乘客讲话的含义以做出正确反应的重要环节。倾听不仅要用耳朵听，还要全身心地去感受谈话过程中表达的非语言信息。要想做到有效倾听，客运服务人员必须掌握以下技巧。

1. 耐心

客运服务人员与乘客沟通时，倾听要耐心，不能打断乘客的表达，要让乘客把事情叙述完整，情感表达清楚，把不满发泄出来。在倾听过程中，用简单的肢体语言（微笑、点头等）来表示自己紧跟着乘客的思路，在耐心地倾听着。耐心倾听既能显示出客运服务人员的真诚，又能让乘客的情绪得以疏解，还能使客运服务人员对情况做出准确得当的判断。如果客运服务人员打断乘客的谈话或缩短倾听时间，乘客会认为客运服务人员对他（她）的谈话不感兴趣——可事实上并不是这样。

在每次沟通交流中，客运服务人员会接收大量的语言信息，而在这些语言信息里，有实际价值的往往只有几句甚至一两句。

客运服务人员在与乘客沟通时，必须学会从这些纷繁复杂的语言信息里准确地抓住要点。常见的情况是，乘客常常把话语的意思隐含在一段话里。也就是说，前面的话，往往是引子，是提示；当中一段话，有时是要点，有时是解说；后面一段话，也许是结论，也许是对主要意见的强调或引申。客运服务人员在倾听时，可以从以下几个方面捕捉乘客所要表达的要点：一是话语的层次；二是语气；三是手势。千万不要急于表达自己的意见，要礼貌地请乘客先发表意见。以身体稍稍倾斜面向乘客的姿态来表示你在认真聆听，这样才有助于安抚乘客的情绪。

2. 适时回应

在倾听乘客的话语时，要选择恰当的时机回应乘客，一般来说，客运服务人员倾听时的回应有以下几种。

1）语言回应。在沟通中，客运服务人员在适当的地方插入简短的评论，会使乘客感到对方在认真倾听。例如，"嗯""对""是这样""我可以理解""我明白了"等。对表达能力不强的乘客和性格内向的乘客安抚鼓励，可以说"没关系""不着急，慢慢说"等，会缓解乘客的紧张和不安。

2）体态动作。在乘客表达时间较长，语言紧凑，无法插入语言时，可点头表示理解，和乘客保持视线的接触，表情专注。这样，乘客会感到被尊重，倾听者很重视他的见解。

3. 获取目的

在沟通交流中，乘客由于各种原因往往不会直接说出自己的真实意图，而是把它掩藏在众多言辞后面，这就需要客运服务人员推断语言背后的目的。

1）从谈话细节、语气、手势中，发现对方的目的。

2）对乘客的话有疑问或没有听清，可以直接提出来，用自己的话复述给对方听，例如，"您的意思是×××，对吗？"

二、表达

表达是沟通的重要组成部分，表达的艺术体现在以下几个方面。

1. 准确流畅

在交谈时如果词不达意、前言不搭后语，则很容易被人误解。因此，在表达时，应做到口音标准、吐字清晰，去掉过多的口头语；语句停顿准确，思路清晰，谈话缓急有度，从而使交流畅通无阻。

2. 清晰明了

口头表达尽量使用明确精练、通俗易懂的语言，避免使用模棱两可、似是而非、晦涩难懂的语言。

3. 委婉表达

对乘客忌讳的、可能引起对方不愉快的事情，不能直接陈述，只能用委婉、含蓄的语言说。避免使用主观武断的词语，例如，"只有""一定""唯一""就要"等不带余地的词语，要尽量采用与人商量的口气，委婉地提醒他人的错误或拒绝他人。

4. 适时赞美

服务中，要善于发现乘客的优点，恰到好处地赞美，能促进人际关系的和谐，有利于交谈的顺利进行。但赞美别人也要讲究技巧，赞美要适时并真诚。不能过分地恭维他人，那样只会让人觉得虚情假意。

5. 幽默风趣

沟通的目的是寻求一致，在这个过程中往往会产生争议或分歧。这就需要交谈者随机应变，凭借机智的幽默消除障碍。幽默还可以化解尴尬，它建立在高尚的情趣、较深的涵养、丰富的想象、乐观的心境和能力自信的基础上，使语言表达既和谐又入情入理，体现服务人员的修养。

【课后演练】沟通从心开始

1. 任务目的

掌握沟通的基本方法。

2. 任务内容

沟通有倾听和表达两个组成部分，倾听是沟通的重中之重，需要做到耐心和适时回应，并能获取信息；表达则要针对乘客的需求做出反应。

3. 任务实施

设置服务情景，练习沟通技巧。

4. 任务总结

通过练习掌握恰当的沟通技巧，为解决乘客的问题打好基础。

第四节　投诉处理

当乘客乘坐列车时，会对出行抱有美好的期望，如果期望得不到满足，就会失去心理平衡，产生抱怨或找人理论，这就是投诉。广义上说，乘客任何的不满意都可以看作投诉。随着服务经济时代的到来，运输服务业的竞争日趋激烈，人们对服务的认识越来越深入。越来越多的乘客开始注重保护自身权益，他们在享受优质服务的同时，对服务的期望值也越来越高，满足乘客日益增长的期望值越来越困难，有效处理好乘客的投诉，把乘客的不满转化为乘客的满意，使铁路能在运输市场竞争中占据优势，是铁路客运服务工作的重要内容之一。

扫码看视频

一、乘客投诉分析

1. 乘客投诉的分类

按照不同的方式，可以把乘客投诉划分成不同的类型。

1）按照投诉表达方式划分为口头投诉和书面投诉，口头投诉又可以分为当面投诉和电话投诉。当面投诉，包括向任何一个员工投诉；电话投诉指通过热线电话、投诉电话等进行投诉；书面投诉指通过意见箱、邮局信件、网上电子邮件等进行书面投诉。

2）按投诉的内容划分为车站服务投诉、列车运行投诉、乘车环境投诉、票款差错投诉等。

3）按投诉的性质划分为有效投诉和无效投诉。当乘客投诉属于维护正当权益时则视为有效投诉。如果乘客投诉属于无理取闹，则视为无效投诉。

2. 正确认识乘客投诉

只要是服务行业就无法避免消费者的抱怨和投诉，即使再优秀的服务企业，也不能避免投诉，因为不同的乘客由于境遇、认知不同，需求也不同。客运服务人员在服务过程中不能恐惧投诉、厌恶投诉，而应对投诉有一个清醒的认识，这样才能更好地处理投诉，更有效地改进服务工作并提高服务质量。

1）重视乘客投诉。乘客投诉是因为企业在某个环节出现了问题，重视乘客的投诉就可加强薄弱的环节。

2）欢迎乘客投诉。乘客投诉可以使企业反思工作中的差距和不足。在投诉处理过程中，客运服务人员与乘客要进行充分的沟通，从而使双方加深相互理解。因此，作为客运服务人员，既不用对投诉感到尴尬，也无须带有畏惧和抵触的心理。

3）乘客投诉的原因。乘客不满的原因很多，有时候他们的抱怨是有道理的，而有时候，可能他们是在无理取闹。无论有没有道理，客运服务人员都要牢记："乘客投诉都是有原因的。"要想消除乘客的不满，就必须找到使乘客不满的原因。

二、乘客投诉处理的原则

1. 乘客至上的原则

接到乘客投诉，首先要站在乘客的立场上考虑问题，要抱有"只要乘客不满意，肯定是我们的工作还有可以改进的地方。"的理念，只有具备这种服务理念，客运服务人员才能用平和的心态处理乘客的抱怨，把乘客放在最重要的位置。

2. 隔离当事人的原则

隔离当事人原则是指一旦遇到乘客投诉，要尽快做到"两个隔离"：一是将投诉人与其他乘客隔离，以免乘客之间相互影响；二是将投诉人与被投诉人隔离，避免事态进一步恶化。隔离当事人最好的办法是将投诉人带到餐车、会议室等安静的环境，一方面做到尊重投诉人，另一方面也能缓和投诉人的情绪。

3. 包容乘客的原则

包容乘客，是指客运服务人员对乘客的误解或指责要给予理解，包容乘客的核心是善意的理解。消除误解往往要经过解释、说明才能完成。乘客的投诉并不一定都是对的，当乘客自身的做法不正确时，客运服务人员要体谅乘客，婉言劝导。

总之，乘客的心理预期及需求是不一样的，客运服务人员在工作实践中要不断总结和创新。在处理乘客投诉、建议时，要随机应变，采取不同的策略与技巧，从而不断提高服务质量，提升乘客满意度。

三、乘客投诉处理的步骤

1. 用心倾听

面对乘客的抱怨，工作人员需要掌握倾听的技巧，从乘客的抱怨中及时找出真正的原因及乘客的期望，如图 5-1 所示。

2. 真诚道歉

当乘客投诉时，无论出于什么原因，都要诚挚地向乘客道歉，并对乘客提出的问题表示感谢。尤其是在工作确实有过失的情况下，更应该马上道歉。这样可以让乘客感到自己受到重视。

3. 协商解决

在听完乘客投诉之后，客运服务人员首先要弄清楚乘客投诉和抱怨的原因，了解乘客的想法，切忌在没有了解乘客想法之前就自作主张地直接提出解决方案，盲目地采取行动。

4. 立即行动

乘客同意处理意见后，工作人员需要说到做到，而且是要马上做到，速度很关键。如果有些措施无法当场兑现，或遇到一些投诉，被投诉的员工不在现场的情况，可以采用电话道歉、书面道歉等处理方式。

5. 感谢乘客

对待乘客的投诉一定要表示感谢，感谢乘客选择服务并发现服务中的不足。因为这些批评指导意见会协助铁路企业提高管理水平和服务质量，如图 5-2 所示。

图 5-1　用心倾听

图 5-2　感谢乘客

【拓展阅读】

消除乘客不满的十个诀窍

1）表示理解乘客的处境，可以说："很遗憾。"

2）鼓励乘客发泄怨气，排解他们的愤怒，可以说："请告诉我事情是怎么回事？"

3）保持客观立场，不要加入个人色彩，可以说："我能理解您的感受。"

4）保持平和的态度，控制事态的稳定，可以说："相信我们能解决。"

5）倾听乘客的倾诉，表现出你在认真倾听，可以说："嗯，对，我知道。"

6）负责任，表现出解决问题的急切心态，可以说："我们一定尽快解决。"

7）让乘客参与寻找解决方案，可以说："您希望如何解决？"

8）做出保证，可以说："我们一定尽力解决"

9）提出行动计划，可以说："我的建议是……"

10）上交管理层参与解决，可以说："我会向领导汇报这个问题。"

四、乘客投诉处理的技巧

在投诉处理过程中，客运服务人员应掌握以下技巧。

1. 保持冷静

与乘客交谈，始终保持冷静理智，并设法消除乘客的怨气。例如，当乘客满头大汗到窗口投诉时，可以请他到车站办公室或列车长办公席，有纸巾时可以适时地递给乘客擦擦汗。如果乘客是电话投诉，那么可以先问问乘客现在在哪里、是否需要帮助等。

2. 表现恰当的情绪

乘客讲话时，要耐心倾听，及时回应；客运服务人员与投诉乘客讲话时，要注意自己的语气、音量和语调；客运服务人员在处理乘客的投诉时，不必遵循微笑服务的原则，以免乘客误认为其是在"幸灾乐祸"。

3. 做好乘客投诉记录

客运服务人员接待投诉时，应如实记录乘客投诉的内容，这样可以使乘客说话速度放慢，同时也使其感受到铁路企业对他的投诉很重视，从而缓解乘客愤怒的情绪。

4. 积极解决乘客的问题

解决乘客问题要注意两点：一是为乘客提供选择，通常一个问题的解决方案都不是唯一的，给乘客提供选择，会让乘客在感觉受到尊重的同时，在实施解决方案的时候也会得到乘客更多的认可；二是诚实地向乘客承诺，对于比较复杂的或特殊的问题，客运服务人员不确定该如何解决时，不要向乘客随意承诺，而应诚实地告诉乘客情况有点特殊，自己会尽力帮助乘客寻找解决问题的方法，但需要一点时间，然后与乘客约定好回复的时间，一定要确保准时给乘客回复，即使到时仍未帮乘客解决问题，也要准时打电话向乘客解释处理的进展，说明自己所做的努力，并再次与乘客约定回复的时间。客运服务人员要在不违反规定的情况下，积极为乘客着想，灵活处理乘客投诉的问题，尽量满足乘客的合理需求。

总之，乘客投诉为铁路企业提供了一次改正错误、重新赢得乘客满意的机会。而认真对待乘客投诉有助于从整体上提高铁路服务质量，全面提高乘客满意度。客运服务人员在工作中，要时刻牢记"人民铁路为人民"的宗旨，严格执行作业标准，认真落实服务质量的有关要求，面带微笑，使乘客信任铁路。

【课后演练】以诚待人，以信取胜，共筑优质服务

1. 任务目的

掌握投诉处理的基本方法。

2. 任务内容

处理乘客投诉时要保持冷静，表现稳定的情绪，做好乘客投诉记录，积极解决乘客的问题。

3. 任务实施

某日，一名乘客来到售票窗口，说刚才买票的时候，售票员少找给他50元钱。售票员回忆了一下刚才工作的情形，认为自己没有出错，就直接对乘客说"我又不是第一天出来售票，不可能出现少找你钱的情况"。乘客见状，情绪激动，开始指责售票员。售票员也不甘示弱，咬定自己的工作没有出错，是乘客自己弄错了，还说乘客脑子有问题。双方争执不下，后面排队购票的人群也开始骚动。这时，售票室领导出面协调，在了解情况之后，领导请乘客再仔细回想一下买票时的情景，并在自己的行李中再次找寻。这次，乘客在自己手提包内层找到了掉进夹缝的50元钱，并承认售票员没有找错钱。可是，乘客还是认为无论如何售票员都不应该出口骂人。随后，以服务态度恶劣、辱骂乘客为由，向车站投诉了这名售票员。

设置服务情景，练习处理乘客投诉技巧。

4. 任务总结

通过练习掌握处理投诉的技巧。

复习思考题

一、填空题

1. 目光的凝视区域划分为＿＿＿＿＿＿＿＿、＿＿＿＿＿＿＿＿、＿＿＿＿＿＿＿＿。

2. 处理乘客投诉的步骤是：＿＿＿＿＿＿＿＿、＿＿＿＿＿＿＿、＿＿＿＿＿＿＿、＿＿＿＿＿＿＿＿、＿＿＿＿＿＿＿＿。

3. 乘客的投诉按投诉的内容划分为＿＿＿＿＿＿、＿＿＿＿＿＿、＿＿＿＿＿＿＿＿。

二、选择题（选择一个或几个正确答案，把选项填在括号中）

1. 客运服务人员与乘客交流时，应让乘客感觉到轻松愉快，一般目光凝视区域应落在（　　）。

A.公务凝视区域　　B.社交凝视区域　　C.亲密凝视区域　　D.都可以

2. 在与乘客交流时，要注意使用十字文明用语（　　）。

A.请、您好、谢谢、对不起、再见　　B.请、不好意思、麻烦、谢谢您

C.请、你好、对不起、欢迎再来　　D.感谢、不好意思、欢迎再来

三、判断题（表述正确的在括号中画"√"，表述错误的在括号中画"×"）

1. 与人打招呼、交谈、致谢、道歉时，眼睛看着对方，会使人感到你的真诚、友好、信任、尊重。　　　　　　　　　　　　　　　　　　　　　　　　　　（　　　）

2. 当乘客的站位比客运服务人员低时，可以采用俯视的角度跟乘客交谈。　（　　　）

3. 客运服务人员在处理乘客的投诉时，不必遵循微笑服务的原则，以免乘客误认为其是在"幸灾乐祸"。 （　　）

4. 服务中，要善于发现乘客的优点，恰到好处地赞美，能促进人际关系的和谐，有利于交谈的顺利进行。所以在与乘客沟通中，不管什么情况都要全程赞美旅客。 （　　）

5. 铁路服务中，对乘客应称呼恰当，统称为"乘客们""各位乘客""乘客朋友"，单独称呼应称为"先生、女士、小朋友、同志"等。 （　　）

四、简答

1. 保持微笑的意义是什么？

2. 处理乘客投诉的技巧包括什么？

第六章

交往礼仪

【学习目标】

知识目标：掌握交往礼仪的基本内容，培养良好的交往艺术。

能力目标：能够在特定场合下，展现个人的素养、风度和魅力。

素养目标：培养良好的服务态度和礼仪修养，有效传递铁路服务的可靠性与人文关怀，提升旅客体验与行业形象。

第一节　基本见面礼仪

打招呼是熟人相遇的一种常见的见面礼节，是一种有礼貌的表现，显示出友好和善意。但是在公共场合打招呼要注意，如果两个人近距离相遇，可以微笑着寒暄一下，问候一声"最近好吗？"如果离得很远，双方能看到彼此，打招呼就不要老远就喊别人的名字，这样其实很不礼貌，既影响他人，也会弄得对方很尴尬，反而失礼了。这种情况下，不如就隔着人群以微笑点头向对方示意，相信对方也一样可以感受到你的善意和礼貌，并同样回报以微笑。打招呼时，男士可欠身或点头致意，如果戴帽子则应该摘去。与人打招呼时，叼着香烟或将手插在口袋里都是极不礼貌的。

扫码看视频

【想一想】

郁闷的老王

老王在长沙上班，家在岳阳，每到周末或节假日，就坐高铁往返两地之间。这周，在车站工作的小李由于经常和老王见面聊两句，两人已经很熟了，见他匆匆忙忙去往候车室，就大声呼唤了几声老王的名字，想打个招呼。老王听到后还以为有什么重要事情，就连忙跑过去，结果小李说只是打个招呼。等到老王再赶到候车室，他想乘坐的那趟列车已经停止检票了，老王很郁闷。

请思考：见面打招呼时应该注意些什么呢？

一、打招呼

打招呼是一种礼貌行为，用文明语言、微笑表情或动作对朋友、老师等进行的交流，打招呼会增进自己与对方的距离和感情，有时还可缓解尴尬。

见面打招呼，是一种良好的礼节性习惯。无论对方是男还是女，是老还是少，是同胞还是异国他乡人，凡是双方相遇，哪怕是匆匆而过的路人，只要目光对视，就可以微笑着主动向对方打招呼，不要相看两无言地擦肩而过，因为视而不见会显得很不友善。打一声招呼，就像"破冰"一样，气氛自然就融洽了。为此，我们要养成见面打招呼的良好习惯。

以下是见面打招呼时应该注意的问题。

1. 尊重对方，勤于招呼

由于文化的差异，中国人与西方人不同，一般只习惯向自己所熟悉的人打招呼，对陌生人总会下意识地保持距离。倘若主动与不相识的人打招呼，反而会遭人误解。但随着我们与国际的交往越来越频繁，出国定居、旅游、学习交流的人也越来越多，我们可以尝试与不认识的人打招呼，释放善意。

2. 注重场合，善意问候

如果在公共场所遇见了久违的好朋友，不要过于激动。如在街上，突然冲向对方，甚至冲撞了行人；在会场上，猛然从座位上跳起来并穿过整个大厅；在人群里，冷不丁高呼朋友的名字，让旁人吓一跳，并为之行侧目礼等，都是很失礼的行为。

3. 根据情况，有礼有序

如果你参加一个国际性的或是跨省市、跨行业的会议，在一天内几次遇见同一个熟人，每次都说"您好"，似乎太单调了。你可以根据时间、场合，适地、适时地用不同方式打招呼。

二、介绍

现代人要生存、发展，就需要与他人进行必要的沟通，以寻求理解、帮助和支持，而介绍礼仪是礼仪中的基本，也是很重要的内容。它是人际交往中与人进行沟通、增进了解、建立联系的一种最基本、最常规的方式，是人与人相互沟通的出发点，是人与人之间相互认识交往的第一座桥梁。其最突出的作用，就是缩短人与人之间的距离。在社交或商务场合，如能正确地使用介绍礼仪，不仅可以扩大自己的交际圈，而且有助于进行自我展示、自我宣传，并且可以在人际交往中消除误会，减少麻烦。

介绍可分为三种情况：自我介绍、他人介绍和集体介绍。

1. 自我介绍

（1）自我介绍的时机　做自我介绍时，要掌握好时机，初次见面和对方有兴趣时最佳。

在公共场合，如果想结识某人，又没有适当的机会请别人介绍，可主动进行自我介绍，例如可以说："您好，我是××学院的××，见到您很高兴"，以引起对方的注意和呼应；也可以用被动自我介绍的方式，先婉转询问："您好！请问您怎么称呼？"等对方做完自我介绍可顺势介绍自己。无论怎样做自我介绍，原则都是诚实和坦率，使双方愿意相互结识。

什么情况下需要自我介绍呢？主要是以下场景。

应聘求职时；应试求学时；在社交场合，与不相识者相处时；在社交场合，当不相识者表现出对自己感兴趣时；在社交场合，当不相识者要求自己作自我介绍时；在公共聚会上，打算介入陌生人组成的交际圈时；交往对象因为健忘而记不清自己，或担心这种情况可能出现时；有求于对方，而对方对自己不甚了解，或一无所知时；拜访熟人遇到不相识者挡驾，或是对方不在，而需要请不相识者代为转告时；前往陌生单位，进行业务联系时；在出差、旅行途中，与他人不期而遇，并且有必要与之建立临时接触时；因业务需要，在公共场合进行业务推广时；初次利用大众传媒向社会公众进行自我推荐、自我宣传时。

（2）自我介绍的具体形式

1）应酬式。适用于某些公共场合和一般性的社交场合，这种自我介绍最为简洁，往往只包括姓名一项即可。"你好，我叫××。""你好，我是××。"

2）工作式。适用于工作场合，它包括本人姓名、供职单位及其部门、职务或从事的具体工作等。例如，"你好，我叫××，是××公司的销售经理。""我叫××，在××学校读书。"

3）交流式。适用于社交活动中，希望与交往对象进一步交流与沟通。它大体包括介绍者的姓名、工作、籍贯、学历、兴趣及与交往对象的某些熟人的关系。例如，"你好，我叫××，在××工作。""我是××的同学，我们是××朋友……"

4）礼仪式。适用于讲座、报告、演出、庆典、仪式等一些正规而隆重的场合。自我介绍包括姓名、单位、职务等，同时还应加入一些适当的谦辞、敬辞，例如，"各位来宾，大家好！我叫××，是××学校的学生。我代表学校全体学生欢迎大家光临我校，希望大家……"

5）问答式。适用于应试、应聘和公务交往。问答式的自我介绍，应该是有问必答，问什么就答什么。

自我介绍的方式除了上述最简单、最基本的以外，还可以更生动、丰富一些。例如，从介绍自己姓名的含义入手，或从自己所属生肖入手，或从自己的职业特征入手，或从对事业的态度入手等。当然，这样的介绍，在私下介绍中会显得冗长，而在正式介绍的场合却是不错的。

（3）自我介绍的注意事项

1）讲究态度。自我介绍时，不要用大拇指指向自己，显得粗俗狂妄。态度一定要谦恭、自然、友善、亲切、随和。应镇定自信、落落大方、彬彬有礼，既不能唯唯诺诺，又不能虚张声势，轻浮夸张，要表达出渴望认识对方的真诚情感。任何人都以被他人重视为荣幸，如果你态度热忱，对方也会热忱。语气要自然，语速要正常，语音要清晰。

2）注意时间。自我介绍时要简洁，言简意赅，尽可能地节省时间，以30s左右为佳，不宜超过1min。话说多了，不仅显得啰唆，而且交往对象也未必记得住。为了节省时间，作自我介绍时，还可利用名片等加以辅助。

3）注意场合。关系工作的自我介绍，侧重突出与工作有关的内容，不要喧宾夺主，刻意扩展。私下场合的自我介绍，尺度宽松一些，对方确有认识自己的愿望，则在自报姓名、学校、专业系科这些要素之外，简略介绍自己的籍贯、爱好、专长和担任的职务。

4）注意内容。自我介绍的内容要简繁适度，实事求是。自我介绍的内容包括三项基本要素：本人的姓名、供职的单位及具体部门、担任的职务和所从事的具体工作。这三项要素在自我介绍时，应一气呵成，这样既有助于给人以完整的印象，又可以节省时间。语言方面，注意少用极端性词句，例如，最、极、很、特别、绝对等。

5）注意方法。自我介绍时还要注意方法，应善于用眼神表达自己的友善，表达关心及沟通的渴望。如果你想认识某人，最好预先获得一些对方的资料或情况，诸如性格、特长及兴趣爱好等。这样在自我介绍后，便很容易融洽交谈。

另外，当对方在进行自我介绍时应注意以下几个问题。

应避免直言相问或打断对方。例如，"你叫什么名字？"，而应尽量客气一点，用词更敬重些，例如，"您贵姓？""请问怎么称呼？"等。

不要询问对方的隐私，例如，"你多大了？""你结婚了吗？"等。

对方做自我介绍时要仔细聆听，记住对方的姓名、职业、喜好等。当对方自我介绍后，你也应做相应的自我介绍，这才是礼貌的。

2. 他人介绍

他人介绍又称第三者介绍，是指由第三者为彼此不相识的双方相互介绍、引荐的一种介绍方式。他人介绍中，为他人做介绍的第三者为介绍者，而被介绍的双方为被介绍者。

一般情况下，介绍者或者是社交活动的东道主、长者、正式活动的负责人，或者是家庭性聚会的女主人、熟悉双方的第三者及公务活动中的专职人员。介绍人应该对被介绍的双方都比较熟悉和了解，如果有可能，在为他们做介绍之前，最好先征求一下双方意见，以免双方已经相识或双方没有相识的愿望。介绍人应该审时度势，善解人意，在双方有意结识并期望有人做介绍时成人之美，义不容辞地为双方做好介绍工作。

做介绍时，应该坚持受尊敬的一方优先了解对方的原则，严格遵守介绍的礼仪顺序。

1）把职位低者介绍给职务高者。在社交场合，不分男女老少，一般以社会地位和职位高低作为社交礼仪的衡量标准，把社会地位和职位低者先介绍给社会地位和职位高者。

2）把男士介绍给女士。在为年龄相仿的男士与女士做介绍时，应把男士引导到女士面前，把男士先介绍给女士。

3）把晚辈介绍给长辈。介绍同性别的人相识时，应该把年轻者介绍给年长者，以此表示对长辈的尊敬。

4）把未婚者介绍给已婚者。一般情况下，应该把未婚者先介绍给已婚者，但是如果未婚者明显年长，则应该把已婚者介绍给未婚者。

5）把主人介绍给客人。在主客双方身份相当时，应该先介绍主人，再介绍客人，以表示对客人的尊敬。

在为他人做介绍时，由于场合、身份和需要的不同，介绍的内容和形式也会不同。既有适用于正式场合的正规、标准的介绍，也有在社交中不拘一格的简要介绍，还有引见、推荐式的介绍等。

在为他人介绍时，介绍者应该热心、诚恳，手势动作文雅大方。无论介绍哪一位，介绍者都应手心朝上，手背向下，四指并拢，以肘关节为轴，指向被介绍者一方，并向另一方点头微笑。切不可用手指头指来指去。

必要时，可以说明被介绍一方同自己的关系，以便增进双方的了解和信任。

介绍者在为双方做介绍时，被介绍双方均应起身站立，面带微笑，目视对方，显得高兴、专注。介绍后，身份高的一方或年长者，应主动与对方握手，问候对方，表示非常高兴认识对方等。

3. 集体介绍

集体介绍是他人介绍的一种特殊形式，是指介绍者在为他人介绍时，被介绍者其中一方或双方不止一个人，甚至是许多人。在做集体介绍时，原则上应参照他人介绍的顺序进行。在正式活动中和隆重的场合，介绍顺序是个礼节性极强的问题，应根据具体情况慎重对待。

（1）将一人介绍给大家　当被介绍双方地位、身份大致相似时，应一人礼让多数人，人数少的一方礼让人数多的一方。先介绍一人或人数少的一方，再介绍人数较多的一方或多数人。

（2）将大家介绍给一人　当被介绍双方的地位、身份存在明显的差异，地位、身份明显高者为一个人或人数少的一方时，应先向其介绍人数多的一方，再介绍地位、身份高的一方。

（3）人数较多的双方介绍　被介绍双方均为多数人时，应先介绍位低的一方，后介绍位高的一方；或先介绍主方，后介绍客方。介绍各方人员时，则应由高到低，依次而行。

三、握手

据考证，握手最早发生在人类"刀耕火种"的年代。那时，在狩猎和战争时，人们手上经常拿着石块或棍棒等武器。当遇见陌生人时，如果大家都无恶意，就要放下手中的武器，并伸开手掌，让对方抚摸手掌，表示手中没有藏东西。这种习惯逐渐演变成今天的握手礼节。

见面时人们用握手表达问候与致意。对久别重逢和多日未见的老朋友，以握手表示对对方的关心和问候；人们彼此之间经过他人介绍相识，通过握手，向对方表示友好和愿意与对方结识的心情。告别时，以握手感谢对方，表示愿意保持联系、再次见面的愿望。除此之外，握手还是一种祝贺、感谢、理解、慰问、支持和鼓励的表示。握手已成为世界上通行的、人们在日常交际活动中常用的见面礼节。

1. 握手的时机

何时宜握手，这是一个十分复杂而微妙的问题，它通常取决于交往双方的关系和时机。

1）遇到较长时间未曾谋面的熟人，应与其握手，以示因久别重逢而万分欣喜。

2）在比较正式的场合同相识之人道别，应与之握手，以示自己的惜别之意和希望对方珍重之心。

3）在家中、办公室及其他一切自己作为东道主的社交场合，迎接或送别来访者之时，应与对方握手，以示欢迎或欢送。

4）拜访他人之后，在辞行之时，应与对方握手，以示"再会"。

5）被介绍给不相识者时，应与之握手，以示自己乐于结识对方，并为此深感荣幸。

6）在社交性场合，偶然遇上了同事、同学、朋友、邻居、长辈或上司时，应与之握手，以示高兴与问候。

7）他人给予了自己一定的支持、鼓励或帮助时，应与之握手，以示衷心感激。

8）向他人表示恭喜、祝贺之时，例如，祝贺对方结婚、生子、晋升、升学、乔迁、事业成功或获得荣誉、嘉奖时，应与之握手，以示贺喜之诚意。

9）他人向自己表示恭喜、祝贺之时，应与之握手，以示谢意。

10）对他人表示理解、支持、肯定时，应与之握手，以示真心实意、全心全意。

11）应邀参与社交活动，例如，宴会、舞会等之后，应与主人握手，以示谢意。

12）在重要的社交活动，例如，宴会、舞会、沙龙等开始前与结束时，主人应与来宾握手，以示欢迎与道别。

13）得悉他人患病、失恋、失业、降职或遭受其他挫折时，应与之握手，以示慰问。

14）他人向自己赠送礼品或颁发奖品时，应与之握手，以示感谢。

15）向他人赠送礼品或颁发奖品时，应与之握手，以示郑重其事。

但要注意，当出现对方手部有伤；对方手里拿着较重的东西；对方忙着别的事，如打电话、用餐、主持会议、与他人交谈等；对方与自己距离较远等情况时不宜握手，否则容易产生负面效果。

2. 握手的次序

在比较正式的场合，行握手礼时最为重要的礼仪问题，是握手的双方应当由谁先伸手同对方握手。握手的先后次序要符合礼仪规范：握手时伸手的先后次序，要遵循"尊者决定"原则；在公共场合，握手时伸手的先后次序主要取决于职位、身份；在社交、休闲场合，它则主要取决于年纪、性别、婚否。

（1）"尊者决定"原则 根据礼仪规范，握手时双方伸手的先后次序，应当在遵守"尊者决定"原则的前提下，具体情况具体对待。所谓"尊者决定"，即在两人握手时，首先应确定握手双方彼此身份的高低，然后以此决定伸手的先后。由位居高者首先伸出手来，即"尊者先行"。位低者只能在此后予以响应，而决不可贸然抢先伸手。

（2）握手时双方伸手的先后次序 具体而言，握手时双方伸手的先后次序大体包括如下几种情况。

1）年长者与年幼者握手，应由年长者首先伸手。

2）长辈与后辈握手，应由长辈首先伸手。

3）老师与学生握手，应由老师首先伸手。

4）女士与男士握手，应由女士首先伸手。

5）已婚者与未婚者握手，应由已婚者首先伸手。

6）社交场合的先至者与后来者握手，应由先至者首先伸手。

7）上级与下级握手，应由上级首先伸手。

8）职位、身份高者与职位、身份低者握手，应由职位、身份高者首先伸手。

（3）握手时常遇的三种情况

1）与女性握手应注意的礼仪。在握手之前，男性必须先脱下手套，而女性握手，则不必脱手套，也不必站起。与女性握手，应掌握时间和力度。一般来说，握手力度要轻一些，时间要短一些，也不应握着对方的手用劲摇晃。

2）与老人、长辈或贵宾握手的礼仪。与老人、长辈或贵宾握手，不仅是为了问候和致意，还是一种尊敬的表示，除双方互相注视、面带微笑，还应注意以下几点。

① 在一般情况下，平辈、朋友或熟人先伸手为有礼，而对老人、长辈、女贵宾时则应等对方先伸手，自己才可伸手去握。

② 握手时，不能昂首挺胸，身体可稍微前倾，以示尊重，但也不能因对方是贵宾就胆小拘谨，只用手指轻轻碰触对方的手掌就算了事，也不能因感到"荣幸"而久握对方的手不放。

③ 老人或贵宾向你伸手时，应快步上前，用双手握住对方的手，也是尊敬对方的表示。根据场合，可以边握手边打招呼，例如，"您好""欢迎您""见到您很荣幸"等。

④ 遇到若干人在一起时，握手、致意的顺序是；先贵宾、老人，后外宾，先女后男。还必须注意，不要几个人交叉握手，或隔着门槛握手，这些做法也是失礼的行为。

⑤ 在社交中，除注意个人仪容整洁大方外，还应注意双手的卫生，不干净或湿的手与人握手，是不礼貌的。如果老人、贵宾来到你面前，并主动伸出手来，而你此时正在擦油污之物等，你可先致意，同时亮出双手，简单说明一下情况并表示歉意，以取得对方理解，同时赶紧擦干净手，热情与对方握手。

⑥ 社交场合，遇见身份高的领导人，应有礼貌地点头致意或表示欢迎，但不要主动上前握手问候，只有在对方主动伸手时，才可与之握手。

3）上级或下级之间的握手礼仪。在与上级或下级握手时，除应遵守一般握手的礼节外，还应注意以下几方面。

① 为了表示对下级的友好、问候，可先伸出手，下级则应等对方有所表示后再伸手去握。否则，会被视作不得体或无礼。

② 当几位都是你的上级时，握手时应尽可能按其职位的高低，但也可由他们中的一位进行介绍后，由你与对方一一握手致意。如上级职位相当，握手的顺序应是先长者（或女性）然后再是其他人。如果长者中有自己比较熟悉的人，握手时应同时问候对方。

③ 上级与下级握手，一般也应以其职位高低为序，遇有自己熟悉的下级，握手时同时也应说些问候、鼓励和关心的话。

④ 下级与上级握手时，身体可以微欠，或快步趋前用双手握住对方的手，以示尊敬，但切不可久握不放。

⑤ 上级与上级握手同样要热情诚恳，面带笑容，注视对方的眼睛。

无论是与上级还是下级握手，都应做到热情大方，遵守交往礼节。在众多的下级面前，也不要厚此薄彼，只与其中一两个人握手，而冷落其他人；更不能在与下级握手后，急忙用手帕擦手。这些表现都会被人认为是轻慢与无礼的行为。

3. 握手的方式

握手的标准方式是行礼时行至距离握手对象约 1m 处，双腿立正，上身略向前倾，伸出右手（通常是右握式，特殊情况也用左握式），四指并拢，拇指张开与对方相握。握手时用力要适度，上下稍许晃动三四次，随后松开手。具体来说，握手时应加以注意的问题如下。

（1）神态 在通常情况下，与人握手时，精神要集中，双目注视对方，微笑致意，握手时不要看着第三方，更不能东张西望，这都是不尊重对方的表现。

在握手时，切勿三心二意，敷衍了事。如果在此时迟迟不握他人早已伸出的手，或是一边握手，一边东张西望，目中无人，甚至忙于跟其他人打招呼，都是极不礼貌的。

（2）姿势 与他人握手，应起身站立，以示对对方的尊重。除非是长辈或女士，否则坐着与人握手是不合适的。握手时，双方彼此之间的最佳距离为 1m 左右。距离过大，显得冷漠；距离过小，手臂难以伸直，也不太雅观。最好的做法是双方站立，将要相握的手各向前伸出。

（3）方式 握手有下列不同方式。

1）对等式握手。这是标准的握手方式，握手时两人伸出的手心都向着对方。这样的握手多见于双方社会地位不相上下时，是一种单纯的、礼节性的表达友好的方式。

2）双握式握手。其具体方式是：在用右手紧握对方右手的同时，再用左手加握对方的手背、前臂、上臂或肩部。使用这种握手方式的人在表达一种热情真挚和诚实可靠，显示自己对对方的信赖和友谊。

3）支配式握手。支配式握手也称"控制"式握手，用掌心向下或向左下的姿势握住对方的手。以这种方式握手的人想表达自己的优势、主动，社会地位较高的一方易采用这种方式与对方握手。

4）谦恭式握手。谦恭式握手也叫"乞讨式"握手、顺从型握手。与支配式握手相对，用掌心向上或向左上的手势与对方握手。用这种方式握手的人往往处于被动地位。

5）抠手心式握手。两手相握之后，不是很快松开，而是双手掌相互缓缓滑离，让手指在对方手心适当停留。

6）拉臂式握手。将对方的手拉到自己的身边相握，且往往相握时间较长。这常常是社会地位较低者与社会地位较高者握手时采用的方式。

7）捏手指式握手。捏手指式握手不是两手的虎口相触对握，而是有意或无意地只捏住对方的几个手指或手指尖部。女性与男性握手时，为了表示自己的矜持与稳重，常采取这种样式。

8）"死鱼"式握手。"死鱼"式握手是指握手时无任何力度，让人感觉冷冰冰的。

（4）力度 握手时为了表示热情友好，应当稍许用力，但以不握痛对方的手为限度。在一般情况下，握一下即可，与亲朋故旧握手时，所用的力量可以稍为大一些；男子与女子握手不能握得太紧，西方人往往只握一下妇女的手指部分，但老朋友可以例外。

总之，在与人握手时，不可以毫不用力，不然会使对方感到缺乏热忱与朝气。但也不宜矫枉过正，太过用力。

（5）时间　握手时间的长短可根据握手双方亲密程度灵活掌握。初次见面者，一般应控制在3s以内。

　　4. 握手的忌讳

　　1）不要用左手与他人握手。除非右手有不适之处，否则，绝不能用左手与他人握手。和外国朋友握手时，这一点得特别注意。尤其在与阿拉伯人、印度人握手时要牢记此点，因为在他们看来，左手是不洁的。

　　2）不要在握手时争先恐后，而应当遵守秩序，依次而行。如在家里接待客人，客人来时，主人要先伸出手来，以示热情欢迎；客人告辞时，主人却应在客人后面伸手，否则，就有"逐客"之嫌。总体来说，就是上级、长辈、女士优先，下级、晚辈、男士在后响应，切不可抢先。

　　3）不要在握手时戴着手套。有人习惯于戴手套，但在握手时，必须把手套摘下来，只有女士在社交场合戴着薄纱手套与人握手才是被允许的。

　　4）不要在握手时戴着墨镜，只有患有眼疾或眼部有缺陷者方可例外。

　　5）不要在握手时将另外一只手插在衣袋里。

　　6）不要在握手时另外一只手依旧拿着东西而不肯放下，例如，拿着香烟、报刊、公文包、行李等。

　　7）不要在握手时面无表情，不吐一词，好像根本无视对方的存在，而纯粹是为了应付。

　　8）不要在握手时长篇大论，过于热情，显得过分客套。

　　9）不要在握手时把对方的手拉过来、推过去，或者上下左右抖动。

　　10）不要以肮脏不洁或患有传染性疾病的手与他人相握。

　　11）不要在与人握手之后，立即揩拭自己的手掌，好像与对方握一下手就会使自己受到"污染"似的。

　　12）不要拒绝与他人握手。

　　13）不要滥用双握式握手。

　　14）不要交叉握手。有些场合，需要握手的人可能较多。碰到这种情形，可按由近及远的顺序，依次与人握手。切不可交叉握手，尤其是和西方人打交道，应避免因为交叉会形成十字架图案，西方人认为这是最不吉利的事。

【拓展阅读】

驾驶员的"热情"

　　某铁路局集团公司的领导到车站视察工作，车站派一位专职驾驶员（男）和车间的一位主任（女）开车去接，两人一起来到领导面前，不管是从职务高低，还是从尊重女性方面来讲，领导都应该先与女同志握手，但是驾驶员首先把手伸了过去，而且他的手伸在女同志前面，领导只好两只手同时伸出去，一手握一个。

　　案例分析：实际上，驾驶员不应该先伸手的。握手的顺序首先应先位高者再位低者；其次应由近而远；再次应呈顺时针方向。

扫码看视频

四、鞠躬礼

鞠躬礼是一种较为常见的致意礼节，它往往用来表示人们对他人的恭敬。既适用于庄严肃穆、喜庆欢乐的仪式，也适合于一般的社交场合。

1. 常见的鞠躬礼

在当今社交场合中，鞠躬礼是一种比较常见的礼仪。为了表达对对方的尊重，都可以行鞠躬礼。另外，在一些场合，鞠躬礼有其不可替代的作用。例如，在演讲会上，报告人在讲演前和讲演后，都应向听众行鞠躬礼，表示对听众的敬意；在颁奖场合，受奖人也要向授奖者和全体与会者鞠躬，以表谢意；演员谢幕时，也要向观众行鞠躬礼；在喜庆的婚礼中，还保留着新郎新娘三鞠躬的礼俗。

2. 鞠躬礼的行礼规范

鞠躬礼的基本要求是：行礼者和受礼者互相注视，不得斜视和环顾；行礼时如需脱帽，要注意向左边的人行礼时应用右手脱帽，向右边的人行礼时应用左手脱帽；行礼者在距受礼者2m左右行礼；行礼时，身体上部向前倾15°~90°，具体的前倾幅度视行礼者对受礼者的尊重程度而定；双手应在上身前倾时自然下垂，男士应将双手贴放于身体两侧裤线上，女士的双手则应下垂搭放在腹前，尔后恢复立正姿势。通常，受礼者应以与行礼者的上身前倾幅度大致相同的鞠躬还礼，但是，上级或长者还礼时，可用稍欠身、点头或微笑致意答之，不必以鞠躬还礼。

行过鞠躬礼后若欲与对方说话，脱下的帽子不要戴上，等说完话再戴。

在客运服务中，鞠躬也是常用的仪态举止，恰当的鞠躬能够起到事半功倍的作用。

鞠躬时应面带微笑，双腿并拢，脚尖略分开，女士也可以"丁"字步站立，双手四指并拢，交叉相握，右手叠放在左手之上，自然垂于腹前，身体向前，腰部下弯，头、颈、背自然呈一条直线，上身抬起时，要比向下弯时稍慢些。视线随着身体的移动而移动，视线的顺序是：乘客的眼睛→脚→眼睛。

向乘客致意时，身体鞠躬角度为15°，如图6-1所示。

迎送乘客时，身体鞠躬角度为30°，如图6-2所示。

向乘客致歉或致谢时，身体鞠躬角度为45°，如图6-3所示。

图6-1 鞠躬角度为15°

图6-2 鞠躬角度为30°

图6-3 鞠躬角度为45°

3. 行鞠躬礼的三项准则

1）当他人向自己行鞠躬礼时，应该视双方地位和关系立即还以鞠躬礼或稍欠身、点头或微笑。

2）地位较对方低的人要先鞠躬，当对方是你的长辈、领导、师长时，应该先鞠躬；以主人身份欢迎客人时，也要先鞠躬，表示欢迎或尊敬。

3）地位较低的人鞠躬要相对深些。

五、脱帽礼

国际交往中，在正式场合及社交场合，人们往往会向自己的社交对象行脱帽礼。在东西方国家都较为流行。所谓脱帽礼，是指以摘下本人所戴帽子的方式，来向交往对象致意。

1. 脱帽礼的动作

行脱帽礼，通常是戴着礼帽或其他有檐帽的男士，遇到友人特别是女士时，微微欠身，用离对方较远的那只手摘下帽子，并将其置于与肩膀平行的位置，同时与对方互相注视，待离开对方时或对方离开后，再将帽子"复位"。

2. 脱帽礼的要求

行完脱帽礼，如果要与对方交谈，则将帽子拿在手上，待说完话再戴上；如果因头疼的原因不能摘帽，则应向对方说明情况，并致以歉意；如果在室外行走中与友人迎面相遇，只需用手将帽子轻掀一下即可。男士向女士行脱帽礼，女士应礼貌地以其他方式向对方答礼，但女士不必行脱帽礼。

六、拱手礼

拱手礼是我国民间传统的见面礼。在中国古代，中国人创造了自己独特的见面打招呼的方式，即拱手礼。

行拱手礼的具体做法是起身站立，上身挺直，两臂前伸，双手在胸前高举抱拳（右手半握拳后，用左手在胸前扶住右手），在双目注视对方的同时，双手自上而下，或自内而外，有节奏地晃动两三下。为了表示对对方的尊敬，可将双手向上抬到与额同高。

拱手礼主要在以下几个场合使用。

1）凡遇重大节日，如春节等，亲朋好友、街坊邻居、同事之间见面时，人们常常喜欢拱手为礼，以表祝愿；在为欢庆节日召开的团拜会上，大家欢聚一堂，互相祝愿，也常用拱手礼以表敬意。

2）凡遇婚礼、生日、庆功等喜庆场合，来宾也可以向新郎新娘及其父母、向寿星及当事人等行拱手礼表示祝贺和祝福。

3）当双方告别、互道珍重时，向对方表示歉意时等，也可用拱手礼表示。拱手致意时，常常与寒暄语同时进行，例如，可以说"恭喜恭喜""节日快乐""久仰久仰""请多多指教""后会有期"等。

【课后演练】以礼待人，以诚相见

1. 任务目的

掌握基本见面礼仪在交往中的实际运用。

2. 任务内容

模拟公务往来、接待服务等工作场合，训练见面礼仪。

1）每人设计一个情景进行自我介绍。

2）分组设计不同场景进行招呼、称呼、介绍、握手、鞠躬、拥抱、拱手等技能技巧展示。

3）出场后先由同学介绍剧情及设计思路；实际演练过程中，教师可以临场发挥，如增设模拟角色或任务。

3. 任务实施

1）学生复习课堂讲授的基本见面礼仪内容，提前分组设定情景。

2）提前准备所需的道具。

3）教师介绍训练要求和评分标准。

4）分组自查、互查，对不符合规范的做法能自纠、互纠。

5）演练结束后，教师与全体同学一起对小组的演练情况进行评论。

4. 任务总结

通过练习理解并掌握基本见面礼仪。客运服务人员为乘客服务的过程，其实就是与人交往的过程，客运服务人员掌握一定的基本礼仪常识，不仅可以提升个人礼貌修养，还有助于更好地提供客运服务，树立良好的职业形象。

第二节 交谈礼仪

扫码看视频

交谈是人们交流思想和感情的重要手段，也是学习知识、增长才干的重要途径。掌握交谈的礼仪要求，提高交谈的语言艺术，对于提高工作水平和工作效率，起着极为重要的作用。

一、交谈的基本原则

交谈的基本原则是尊敬对方和自我谦让，具体要注意以下几个方面。

1）态度诚恳亲切。说话时的态度是决定谈话成功与否的重要因素，因为谈话双方在谈话时始终都在观察对方的表情、神态，反应极为敏感，所以谈话中一定要给对方认真和蔼、诚恳的印象。

2）措辞谦逊文雅。措辞的谦逊文雅体现在两方面：对他人应多用敬语、敬辞，对自己则应多用谦语、谦辞。敬语和谦语是一个问题的两个方面，前者对外，后者对内，内谦外敬，礼仪自行。

3）语音、语调平稳柔和。一般而言，语音语调以柔言谈吐为宜。要做到柔言谈吐，首先应加强个人的思想修养，同时还要注意在遣词用句、语气语调上的一些特殊要求。例如，在句式上，应少用"否定句"，多用"肯定句"；在用词上，要注意感情色彩，多用褒义词、中性词，少用贬义词；在语气语调上，要亲切柔和、诚恳友善，不要以教训人的口吻谈话或摆出盛气凌人的架势。在交谈中，要眼神交汇，带着真诚的微笑，微笑将增加感染力。

4）谈话要掌握分寸。在人际交往中，哪些话该说，哪些话不该说，哪些话应怎样去说才更符合人际交往的目的，这是交谈中应注意的问题。一般来说，善意的、诚恳的、赞许的、礼貌的、谦让的话应该说，且应该多说。恶意的、虚伪的、贬斥的、无礼的、强迫的话不应该说，因为这样的话语只会造成冲突，破坏关系，伤及感情。有些话虽然出自好意，但措辞用语不当，方式方法不妥，好话也可能引出坏的效果。所以语言交际必须对说的话进行有效的控制，掌握说话的分寸，才能获得好的效果。

5）交谈注意忌讳。在一般交谈时要坚持"六不问"原则。年龄、婚姻、住址、收入、经历、信仰，属于个人隐私问题，在与人交谈中，不要好奇询问，也不要问及对方的身体残疾和需要保密的问题。在谈话内容上，一般不要涉及疾病死亡、灾祸等不愉快的事情；不谈论荒诞离奇、耸人听闻的事情。与人交谈，还要注意亲疏有度，"交浅"不可"言深"，这也是一种交际艺术。

↘【想一想】

清朝时，一名举人经过三科候选，终于得到山东某县县令的职位。第一次去拜见上司，想不出该说什么话。他沉默了一会儿，忽然问道："大人尊姓？"上司勉强说了姓某。县令低头想了很久，说："大人的姓是百姓家中所没有的。"上司非常惊异："我是旗人。贵县不知道吗？""大人在哪一族？""正红旗。"县令说："正黄旗最好，大人怎么不在正黄旗呢？"上司勃然大怒。

请思考：该县令与上司交谈时犯了哪些错误？

二、交谈的技巧

1. 言之有物

交谈的双方都想通过交谈，获得知识、拓宽视野、增长见识、提高水平。因此，交谈要有观点、有内容、有内涵、有思想，而空洞无物、废话连篇的交谈是不会受人欢迎的。没有材料做根据，没有事实做依凭，再动听的语言也是苍白的、乏味的。

2. 言之有序

言之有序，就是根据讲话的主题和中心设计讲话的次序，安排讲话的层次，即交谈要有逻辑性、科学性。"使众理虽繁，而无倒置之乖；群言虽多，而无棼丝之乱。"（刘勰《文心雕龙》）有些人讲话，一段话没有中心，语言支离破碎，想到哪儿说到哪儿，给人的感觉是杂乱无章，言不及义，不知所云。所以，交谈时，先讲什么，后讲什么，思路要清晰，内容要有条理，布局要合理。

3. 言之有礼

交谈时要讲究礼节礼貌。知礼会为你的交谈创造一个和谐、愉快的环境。讲话者，态度要谦逊，语气要友好，内容要适宜，语言要文明；听话者，要认真倾听，不要做其他事情。这样就会形成一个信任、亲切、友善的交谈气氛，为交谈成功奠定基础。

三、交谈常用的谦敬语

1. 谦敬称呼用语

称呼尊长可用老先生、老同志、老师傅、老领导、老首长、老伯、大叔、大娘等。

称呼平辈可用老兄、老弟、先生、女士、小姐、贤弟、贤妹等。

2. 尊称谦敬用语

称姓名敬辞可用贵姓、尊姓大名、尊讳、芳名（对女性）等。

称年龄敬辞可用高寿（对老人）、贵庚、尊庚、芳龄（对女性）等。

住处可用府上、尊寓、尊府等。

见解可用高见、高论等。

身体可用贵体、玉体等。

自谦辞：

称姓名——敝姓×等。

称朋友——敝友等。

称住处——寒舍、舍下、蓬荜等。

称见解——愚见、拙见等。

称年龄——虚度××。

3. 谦敬祈使用语

请人提供方便、帮助——借光、劳驾、有劳、劳神、费心、操心等。

托人办事——拜托。

麻烦或打断别人——打扰。

求人解答——请问。

劝告别人——奉劝。

欢迎别人——欢迎光临、恭候光临。

请别人不要送——请留步。

请别人提意见——请指教、请赐教。

请别人原谅——请包涵、请海涵。

4. 谦敬欢迎用语

欢迎顾客——欢迎光顾、敬请惠顾。

欢迎客人——欢迎光临。

初次见面——久仰、久仰大名。

许多时未见——久违。

访问——拜访、拜望、拜见、拜谒。

没有亲自迎接——失迎、有失远迎。

自责不周——失敬。

拜别——告辞、拜辞。

送别——请留步、请回、不必远送。

中途辞别——失陪。

5. 其他谦敬用语

归还物品——奉还。

赠送东西——奉送。

陪伴——奉陪。

祝贺——恭贺。

以上谦敬语比较固定而且常用，使用时要感情真挚，发自内心，再辅以表情、眼神和手势，以增强表现力，发挥更大的感染力。

四、交谈时的礼貌用语

1. 问候礼貌用语

您好、早安、午安、晚安。

2. 告别礼貌用语

再见、晚安、祝您愉快、祝您一路平安。

3. 应答礼貌用语

非常感谢、谢谢您的好意。

不必客气、没关系、这是我应该做的。

4. 表示道歉的礼貌用语

请原谅、打扰了、失礼了、实在对不起。

谢谢您的提醒、请不要介意。

五、询问与答复

人们的日常交往中，向人询问或回答别人的询问是常有的事情。看似平常的一句话，听起来只是一段普通的会话，其实却反映了一个人的素养。

1. 询问

当你需要向人问路或询问其他问题时，需要做到以下几点。

1）要注意自己的面部表情，微笑着向人询问，对方也会报以热情回答。

2）要选择合适、礼貌的称呼语，如"女士""先生""师傅"等；不应该不加称呼，更不能直接用"喂"代替，也不能使用不礼貌称呼，如"戴帽子的""老头儿""老太婆"等。

3）要用请求语，如"请问""劳驾""麻烦您"等。当你向人问路时，可以用"请问，某某地方怎么走"；当有政策法规不懂，或者有疑问需要对方解答时，最好说"我想请教某某问题"；当需要有劳对方时，可以说"麻烦您""劳驾您"等。

4）当对方回答你的问题时，应该神情专注，不能眼神四处游动、心不在焉。

5）对方回答完毕，应向对方表示感谢。语气要诚恳，态度应真诚。

2. 答复

怎样回答对方的询问，也能折射出一个人的礼貌和修养。

1）要树立我为人人，人人为我的互助友爱观念，认真聆听别人的问话，热情回答别人的问题。当你正在行走，遇到有人向你询问时，正确的做法应该是停下脚步，认真听取对方的问题后进行回答。有时候，你正在办公室工作，来了一位陌生人向你询问，不管这时你有多忙，也应该暂时搁下手中的活儿，热情回答对方的询问，千万不要不耐烦，因为你代表的不仅仅是个人，更重要的是单位、企业的形象。

2）回答别人的询问时，应该真诚、耐心、详尽。当遇到别人向你问路时，应该仔细地把路线表达清楚，免得别人走冤枉路；如果对方是外地人，就应该用普通话回答，直到对方听懂为止。如果对方询问公务上的事，你应做到尽可能准确、详细地回答，不要敷衍了事、模棱两可。

3）当你对询问者的询问内容并不了解，可以礼貌地表示"对不起，我不了解""很抱歉，我回答不了你的问题"等，同时，可以向对方推荐其他人，以帮助解答；如果你正好有紧急的事务需要处理，无充裕的时间解答，也应向对方表示歉意，并说明原因。总之，回答时切忌态度生硬或信口开河。

【拓展阅读】

交谈的魅力——换座

在列车上，一位母亲抱着孩子找到列车长，说自己抱着孩子，坐在靠窗户的位置进出不太方便，想换到过道边的座位，结果过道边的小伙子不搭理自己，便来找列车长帮忙。

列车长跟着这位母亲来到她的座位处，找到那名小伙子，先微笑着打招呼，问道："先生，您好。能否麻烦您帮忙换个座位？这名乘客带小孩确实不方便，进出也会打扰您休息，您换到里面还可以欣赏沿途的风景，现在春暖花开，沿线很美丽。可以吗？"这名小伙子点点头，瞭了一眼那名母亲，对她说道："你早这么说，不就给换了？一上来就说让我跟你换座，连个请都不说，搞得我必须要跟你换似的。"那名母亲抱着孩子，脸涨红了，却没有再争辩。列车长赶忙说道："感谢您的配合，祝您旅途愉快！"

【课后演练】言谈举止，优雅文明

1. 任务目的

掌握交谈礼仪中的基本原则和规范的交谈用语，形成良好的说话习惯。

2. 任务内容

1）教师设计情景测试学生对交谈谦敬语和礼貌用语的掌握。

2）分组设计不同场景下交谈时的用语及表情等技能技巧的展示。

3. 任务实施

1）学生复习课堂讲授的交谈礼仪内容，提前分组设定情景。

2）提前准备所需的道具。

3）教师介绍训练要求和评分标准。

4）分组自查、互查，对不符合规范的做法能自纠、互纠。

5）演练结束后，教师与全体同学一起对小组的演练情况进行评论。

4. 任务总结

通过练习理解并掌握交谈礼仪。在服务中，客运服务人员与乘客之间最重要的一种交流方式就是有声的语言交流，在交流中可以观察乘客需要怎样的帮助，理解乘客的需求，更高效地提供客运服务，获得乘客的肯定，树立良好的服务形象。

第三节　位次礼仪

在职场中，尤其是会务和公务接待中，对重要客人和嘉宾周到细致地安排可以拉近距离、增进友谊。然而，很多时候，没有办法对出席者做到面面俱到，如果对出席者安排不当，就会使当事人感到不被尊重和缺少平等。位次礼仪就属于这一类难题，难点在于，位次排序常常会因情境不同而错综复杂，即便是同一性质、同一场合、同一批参加者的不同会议，也会因为主办方的理解不同而排序不同。

位次礼仪是指在重要的场合对出席者按一定的原则和惯例进行排序的行为规范。礼宾次序常常因为活动场合、性质等不同而改变，需要在把握排序原则的基础上，按照不同类型区别对待。

一、礼宾次序的原则

得体巧妙的排序，会使活动锦上添花。面对错综复杂的情境，位次排序应遵循一定的原则，其原则主要包括以下三个方面。

1. 一般原则

一般原则是指在工作交往中普遍认可并采用的习惯性做法。现代礼仪广泛遵循国际惯例，尤其是外资企业、服务场所、国际性会议、公务活动涉及商界接待等场合常用的商务礼仪和涉外礼仪，绝大多数情况都是以右为尊。政务、社交等场合，除特殊情况需要考虑我国传统习惯，多数情况也应以右为尊。除此之外，应把握身份对等、居中为上、女士优先、长者为尊等原则。如果淡化地位高低的区分，则可选择参加活动的国家、组织或个人的名称或姓名的字母组合、姓氏笔画、到会先后顺序等进行排序。

2. 特殊原则

在政务、公务等场合，由于整体氛围严肃、庄重、正统，需考虑对传统文化的传承，古人以左为大。特别是我国有的地区、民族、宗教等有与自身习俗适应的礼宾次序，这种情况应按照当地的习俗。

3. 兜底原则

在排序时，情境可能会错综复杂、难以预料。有的出席嘉宾重要程度难分伯仲，一般和特殊原则都难以对号入座，有的出席嘉宾有自己特殊的入座习惯。

兜底原则即在无法应用一般和特殊原则或用一般和特殊原则不能达到理想效果的情况下，需要从礼仪的根本原则出发，即尊敬，要让出席者觉得之所以这样排序是因为重视出席者。

例如，国际上的G20峰会，很多次会议，东道主并没有安排各国首脑按照约定俗成的字母排序方法入座，而是依据形势的需要进行了巧妙的调整，以促成会议所预期的目的。

二、会议座次的安排

1. 主席式大会

主席式大会嘉宾应位列主席台，前排高于后排。国际性的盛会应遵循国际惯例，针对主席台就座的当事人而言，居中为上，以右为尊。政务、公务中的工作会议比较特殊，由于政务的庄重性，应遵循中华传统位次，中左为大，即单数时居中为尊，其左手侧为次尊；双数时，嘉宾的中间偏左侧为尊，右侧为次尊。

2. 办公会

办公会是由相关负责人组织召开的需要安排部署、贯彻落实、处理解决工作事务的会议。在政务礼仪中，这类会议由于参会人员职级明确，研究的内容较为重要和正式，有的甚至涉及应对突发事件的，因此，也具有庄重性和严肃性。尊者应坐在会议室最里边，面朝门而坐且离门较远；如果为长条桌，尊者应坐在距门较远的一端，次尊者坐在尊者的左手位置。商务、涉外礼仪，可考虑次尊者坐在尊者的右手位置。

3. 座谈会

座谈会、研讨会或主客双方的见面会等，如果人数不多，一般在椭圆形会议室举行，主客双方、尊与次尊者需分两侧相向就座。如果门在一侧，则尊者可就座于面朝门的一侧，如果门在一端，以门外为参照物，则尊者应坐在右侧。有时，如果是团队内部的会议，为了增强民主、轻松、积极的氛围，减轻严肃性，以便参会者畅所所言，可选择圆桌就座，尊者可随意就座。

4. 会客式

会客时，宾、主分坐两边，来宾坐在主人的右侧，若双方不止一人时，双方的其他人员可各自分别在主人或主宾的一侧按身份高低依次就座。当双方地位悬殊时，可采用居中式，即尊者在中间就座。当会见时各方由于场地、人员、主题内容等原因不分主次时，可自由就座。

5. 签字仪式

签字仪式上，一般按照国际惯例，双方签字人就座于签字桌前，主人坐在左侧，客人坐在主人的右手边。双方参加仪式的其他人员，按身份顺序排列于各自签字人员的座位之后，助签员分别站在签字人员外侧。

三、接待位次的安排

在大型或正式的商务、公务交往中，迎送来宾的接待人员，应本着主宾双方身份对等、人数相仿、专业对口、职位相似的基本原则来加以确定。

1. 乘车

接待中最常用的车为轿车，如果是司机开车，后排右手为上座，副驾驶座为秘书等做具体服务的人员的座位，服务人员应后上车，先下车。如果是主人开车，副驾驶座为上座。如果尊者自行选择后排左手，则应主随客便或悉听尊便。乘坐中型或大型轿车时，通常应以距离前门的远近来确定座次，高低次序是由前而后、自右而左。吉普车由于主要用途是越野，车的底盘较高，经常在颠簸路段行驶，副驾驶座颠簸程度略轻，因此为上座。

2. 参观

重要客人前来参观时，东道主单位的职位与之相似者应到场，并承担行进引导任务。陪同者应在客人左前方 1m 左右的距离带路，前行过程中，正身侧向客人，以左手掌心向上伸直指示方向。如果客人已清楚前进方向，则应保持客人处于最前面，东道主在其身后约一个身位的距离随行。

3. 合影

在合影时，宾主一般均应站立，人数较多时，可安排前排人员就座，后排人员呈梯级站立，居前为上。正式的合影，可把印有嘉宾姓名的标签挂于座椅上。国内合影，出席者中有一位核心人物时，前排为单数，则居中为上；若出席者为主客双方，有两位核心人物，则应居左为尊，客人站左边，主客双方穿插而坐。商务等涉外合影，通常以主左客右分坐两侧。

4. 宴请

宴请时，一般主陪应面朝门居中坐，第一主宾就座于主人右侧。第一主宾右侧为第二主陪，第一主陪的左手边为第二主宾。如果第一主陪的职级、资历等明显低于第一主宾，则应请主宾坐在面朝门的中央位置。我国有些地区，第一主宾一般坐在面朝门中央的位置，有些地区第一主宾一般坐在第一主陪的左手边，这些都应以当地的习俗为准。除了主宾和主陪，其他人员应按照职级、资历、熟识程度、业务对口等原则主客穿插就座。自助式工作餐，就座时一般不区分主次，自由就座。

5. 电梯或楼梯

进入有人管理的电梯时，引导者应请全体来宾先进先出。进入无人管理的电梯时，引导者应先进后出，并负责按楼层按钮。来宾应站在电梯中央较为宽松的位置以便先出，如果电梯内人数较多，出电梯时陪同人员又堵在门口，则陪同人员可先出去。

上楼梯时，为了防止来宾摔倒等特殊情况，便于在其身后及时察觉并用手搀扶，应请来宾走在前面。下楼梯时，为了防止来宾摔倒而滚下楼梯，应请来宾走在后面，以便于保护。

6. 进出门

办公楼的大门如果是开着的或远红外控制的，应由来宾走在最前面，如果是旋转门或关着的，应由主陪方将门打开，示意来宾入内。

会客室、写字间或休息室的房间门，如果向外开，引导者应先把门拉开，请来宾先行入内。如果门向内开，则引导者自己应首先推门入内，并拉住门，然后再请来宾入内。

总而言之，各种位次礼仪纷繁复杂，除了上述典型常用的情境，还有很多特例，只要按照位次礼仪的三个原则来把握，尤其是遵循"以尊为本"的兜底原则，就一定能做出让各方满意的安排。

 【课后演练】会务服务情景演练

1. 任务目的

掌握位次礼仪中的基本原则和类型，养成良好的职业习惯，做出得体的安排。

2. 任务内容

1）教师设计情景测试学生对位次礼仪的掌握情况。

2）分组设计不同场景下位次礼仪的展示。

3. 任务实施

1）学生复习课堂讲授的位次礼仪内容，提前分组设定情景。

2）提前准备所需的道具。

3）教师介绍训练要求和评分标准。

4）分组自查、互查，对不符合规范的做法能自纠、互纠。

5）演练结束后，教师与全体同学一起对小组的演练情况进行评论。

4. 任务总结

通过练习理解并掌握位次礼仪的内容。在服务中，客运服务人员不仅仅需要服务乘客，还需要当面解决乘客的问题。掌握位次礼仪可以更高效地提供客运服务，赢得乘客的肯定，树立良好的服务形象。

复习思考题

一、填空题

1. 根据礼仪规范，握手时双方伸手先后次序，应该遵循_____原则。

2. 鞠躬礼是一种较为常见的致意礼节，它往往用来表示人们对他人的_____。

3. 进入无人管理的电梯时，引导者应_____，并负责按楼层按钮。

4. 表示道歉的礼貌用语有_____。

二、选择题 （选择一个或几个正确答案，把选项填在括号中）

1. 关于握手礼仪，描述不正确的有（　　　　）。

A. 先伸手者为职位低者

B. 客人到来之时，主人应先伸手，客人离开时，客人应先握手

C. 忌用左手握手，握手时不能戴墨镜

D. 男士与女士握手，男士应该在女士伸手之后再握手

2. 上下楼梯时要（　　　）。

A. 右上右下　　　　B. 左上左下　　　　C. 右上左下　　　　D. 左上右下

3. 初次见面要说（　　　）。

A. 拜访　　　　　　B. 劳驾　　　　　　C. 久仰　　　　　　D. 久违

4. 如果是专职司机开普通轿车，客人应坐在（　　　）。

A. 司机后排对角线位置　　　　　　　　B. 副驾驶座

C. 司机身后后排位置　　　　　　　　　D. 后排中间座位

5. 以下属于交谈礼仪中禁忌的有（　　　）。

A. 打断对方　　　　B. 补充对方　　　　C. 纠正对方　　　　D. 质疑对方

三、判断题（表述正确的在括号中画"√"，表述错误的在括号中画"×"）

1. 介绍的基本原则是：受到特别尊重的一方有了解的优先权，所以应先将女士介绍给男士。　　　　　　　　　　　　　　　　　　　　　　　　　　　　（　　　）

2. 对方做自我介绍时要仔细聆听，记住对方的姓名、职业、喜好等。　（　　　）

3. 宴请时，一般主陪应面朝门居中，第一主宾就座于主人左侧。　　（　　　）

4. 国际性的盛会应遵循国际惯例，针对主席台就座的当事人而言，居中为上，以右为尊。　　　　　　　　　　　　　　　　　　　　　　　　　　　　　　　　（　　　）

5. 当你正在行走，遇到有人向你询问时，不需要停下脚步，认真听取对方的问题后进行回答即可。　　　　　　　　　　　　　　　　　　　　　　　　　　　　（　　　）

四、简答题

1. 见面打招呼应注意什么？

2. 自我介绍的注意事项有哪些？

3. 握手的先后顺序如何决定？主要有哪些握手方式？握手的忌讳是什么？

第七章
铁路客运主要岗位服务礼仪

【学习目标】

知识目标：熟悉铁路客运主要岗位的礼仪规范，提高客运服务人员运用礼仪的自觉性。

能力目标：能规范使用服务礼仪为乘客服务，掌握列车服务的主要环节及标准。

素养目标：培养规范的服务标准、职业形象和服务意识，安全高效地满足旅客需求，灵活应对突发情况，传递铁路行业的人文关怀与可靠形象。

铁路作为乘客出行的主要交通工具，在乘客运输市场中发挥着重要的作用。随着我国乘客需求市场的不断变化，铁路运输企业提升客运服务质量，提高乘客满意度已刻不容缓。要提高铁路客运服务水平，客运服务人员掌握并熟悉客运服务岗位的规范流程及服务标准是十分必要的，这是做到优质服务的基础。在本章中，我们力求使广大客运服务人员更加直观、形象地了解铁路站车优质服务的基本原则，以及铁路站车服务工作中的细节，从而更好地展示客运服务人员的精神文明风貌和铁路优秀的企业形象。

第一节　车站服务礼仪基本要求

铁路客运服务人员是从事铁路乘客运输计划编制、实施、组织，提供乘客购票、安检、候车、乘降服务工作的人员。铁路车站客运服务人员是指在车站售票窗口、候车室、进站通道、乘客站台等处为乘客提供服务、保障安全的工作人员。

客运服务人员在为乘客服务时要有良好的态度，要不卑不亢、礼貌热忱、微笑发自内心。牢记自己代表着铁路的形象，绝不能抱着无所谓的态度。

一、铁路车站客运服务礼仪

铁路客运服务礼仪，是指铁路车站、列车服务工作中向乘客表示敬意的礼仪，是在服务工作中形成的得到共同认可的礼貌、礼节和礼仪，是客运服务人员必须遵循的服务规范。掌握服务礼仪，做到礼貌待客，是做好铁路客运工作的先决条件。塑造铁路客运服务的礼仪礼貌，不仅是客运服务人员工作的需要，也是一个人文化修养的直接表现。

对于广大客运服务人员来讲，提升自己的服务礼仪水平和质量，首先，要加强爱岗敬业和职业道德教育，树立正确的人生观和价值观，形成讲奉献、比进取的良好氛围；其次，要注重提高自己的服务意识，关注细节服务，掌握整个服务过程中乘客的需求；最后，要从服务形象、服务礼仪、服务姿态、服务用语等基础的技能培训着手，认识到服务意识是前提，服务技能是基础，不断改进服务工作，提升服务礼仪水平，树立铁路服务的良好窗口形象。

客运服务人员学习服务礼仪有哪些重要意义呢？

1）铁路客运服务工作的特点是直接为乘客提供服务，良好的服务礼仪可以弥补某些客运设施条件的不足，产生积极的社会效果，满足乘客的心理需求。

2）铁路客运服务礼仪体现铁路企业的管理水平和服务水平。客运服务是铁路企业精神文明的窗口，员工的礼仪规范不单是个人形象的问题，也反映了铁路的企业形象，同时还反映出国家和民族的道德水准、文明程度和精神面貌。

3）学习铁路客运服务礼仪可以塑造铁路职工爱岗敬业的形象。每位站、车客运服务人员在工作中体现的良好礼仪和内在美，既是自尊自爱的表现，也是事业心、责任感、自豪感的具体反映。铁路客运岗位分工明确，不同的岗位所负责的工作内容也不相同。铁路客运服务礼仪要求各岗位人员需要在上岗前做好一切准备，佩戴职务标志和工号牌，做到仪表整洁、仪容端庄；在工作中做到，态度和蔼，面带笑容，精神饱满，精力集中，业务熟练，工作有序，讲求效率。除此之外各岗位的礼仪规范在细节方面的要求还是有所不同的。

1. 安检工作人员服务礼仪

1）检查危险品，宣传工作最重要，这项工作需要乘客的配合才能完成。通过宣传让乘客了解携带危险品进站上车的后果，营造温馨和谐的检查环境，消除乘客的紧张感和不满情绪，使乘客主动配合，并应说："谢谢您的配合。"

2）携带品通过查危仪的检查，发现有疑问时，最好不要当着其他乘客的面检查包内的危险品，应把包拿到一边，用商量的口吻说："我们需要检查一下您的旅行包，请配合一下，好吗？"并让乘客自己开包进行检查，一旦查到危险品，应保持平和的心态，严格按规章及时果断处理，既不要态度生硬，也不要犹豫不决。如属于应没收的危险品，必须向乘客讲明道理并出具收据，避免乘客误解。若未发现危险品，应立即向乘客道歉，以示诚意。

【拓展阅读】

铁路旅客禁止、限制携带和托运物品目录

一、禁止托运和随身携带的物品

（一）枪支、子弹类（含主要零部件）

1. 军用枪、公务用枪：手枪、冲锋枪、步枪、机枪、防暴枪等以及各类配用子弹。

2. 民用枪：气枪、猎枪、运动枪、麻醉注射枪等以及各类配用子弹。

3. 道具枪、发令枪、钢珠枪、催泪枪、电击枪等以及各类配用子弹。

4. 上述物品的样品、仿制品。

（二）爆炸物品类

1. 弹药：炸弹、照明弹、燃烧弹、烟幕弹、信号弹、催泪弹、毒气弹、手雷、地雷、手榴弹等。

2. 爆破器材：炸药、雷管、导火索、导爆索、震源弹、爆破剂等。

3. 烟火制品：礼花弹、烟花（含冷光烟花）、鞭炮、摔炮、拉炮、砸炮等各类烟花爆竹，发令纸、黑火药、烟火药、引火线，以及"钢丝棉烟花"等具有烟花效果的制品等。

4. 上述物品的仿制品。

（三）管制器具

1. 管制刀具：根据《管制刀具分类与安全要求》（GA 1334—2016），认定为管制刀具的专用刀具（匕首、刺刀、佩刀、三棱刮刀、猎刀、加长弹簧折叠刀等）、特殊厨用刀具（加长砍骨刀、加长西瓜刀、加长分刀、别骨刀、屠宰刀、多用刀等）、开刃的武术与工艺礼品刀具（武术刀、剑等），以及其他管制刀具（超过 GA/T 1335—2016《日用刀具分类与安全要求》规定的尺寸规格限制要求的各种刀具）。

2. 其他器具：警棍、军用或者警用匕首、催泪器、电击器、防卫器、弩、弩箭等。

（四）易燃易爆物品

1. 压缩气体和液化气体：氢气、甲烷、乙烷、环氧乙烷、二甲醚、丁烷、天然气、乙烯、氯乙烯、丙烯、乙炔（溶于介质的）、一氧化碳、液化石油气、氟利昂、氧气（供病人吸氧的袋装医用氧气除外）、水煤气等。

2. 易燃液体：汽油（包括甲醇汽油、乙醇汽油）、煤油、柴油、苯、酒精、酒精体积百分含量大于70%或者标志不清晰的酒类饮品、1，2-环氧丙烷、二硫化碳、甲醇、丙酮、乙醚、油漆、稀料、松香油等。

3. 易燃固体：红磷、闪光粉、固体酒精、赛璐珞、发泡剂H、偶氮二异庚腈等。

4. 自燃物品：黄磷、白磷、硝化纤维（含胶片）、油纸及其制品等。

5. 遇湿易燃物品：金属钾、钠、锂、碳化钙（电石）、镁铝粉等。

6. 氧化剂和有机过氧化物：高锰酸钾、氯酸钾、过氧化钠、过氧化钾、过氧化铅、过醋酸、双氧水、氯酸钠、硝酸铵等。

（五）毒害品

氰化物、砒霜、硒粉、苯酚、氯、氨、异氰酸甲酯、硫酸二甲酯等高毒化学品以及灭鼠药、杀虫剂、除草剂等剧毒农药。

（六）腐蚀性物品

硫酸、盐酸、硝酸、氢氧化钠、氢氧化钾、有液蓄电池（含氢氧化钾固体、注有酸液或碱液的）、汞（水银）等。

（七）放射性物品

指含有放射性核素，并且其活度和比活度均高于国家规定豁免值的物品，详见《放射性物品分类和名录（试行）》。

（八）感染性物质

包括可感染人类的高致病性病原微生物菌（毒）种和感染性样本，详见《人间传染的病原微生物名录》中危害程度分类为第一类、第二类的病原微生物。

（九）其他危害列车运行安全的物品

1. 可能干扰列车信号的强磁化物。

2. 硫化氢及有强烈刺激性气味或者有恶臭等异味的物品。

3. 容易引起旅客恐慌情绪的物品。

4. 不能判明性质但可能具有危险性的物品。

（十）法律、行政法规、规章规定的其他禁止携带、运输的物品。

二、禁止随身携带但可以托运的物品

（一）锐器：菜刀、水果刀、剪刀、美工刀、雕刻刀、裁纸刀等日用刀具（刀刃长度超过60毫米）；手术刀、刨刀、铣刀等专业刀具；刀、矛、戟等器械。

（二）钝器：棍棒、球棒、桌球杆、曲棍球杆等。

（三）工具农具：钻机、凿、锥、锯、斧头、焊枪、射钉枪、锤、冰镐、耙、铁锹、镐头、锄头、农用叉、镰刀、铡刀等。

（四）其他：反曲弓、复合弓等非机械弓箭类器材，消防灭火枪，飞镖、弹弓，不超过50毫升的防身喷剂等。

（五）持有检疫证明、装于专门容器内的小型活动物，铁路运输企业应当向旅客说明运输过程中通风、温度条件。但持工作证明的导盲犬和作为食品且经封闭箱体包装的鱼、虾、蟹、贝、软体类水产动物可以随身携带。

三、限制随身携带的物品

（一）包装密封完好、标志清晰且酒精体积百分含量大于或者等于24%、小于或者等于70%的酒类饮品累计不超过3000毫升。

（二）香水、花露水、喷雾、凝胶等含易燃成分的非自喷压力容器日用品，单体容器容积不超过100毫升，每种限带1件。

（三）指甲油、去光剂累计不超过50毫升。

（四）冷烫精、染发剂、摩丝、发胶、杀虫剂、空气清新剂等自喷压力容器，单体容器容积不超过150毫升，每种限带1件，累计不超过600毫升。

（五）安全火柴不超过2小盒，普通打火机不超过2个。

（六）标志清晰的充电宝、锂电池，单块额定能量不超过100Wh，含有锂电池的电动轮椅除外。

（七）法律、行政法规、规章规定的其他限制携带、运输的物品。

2. 铁路售票工作人员服务礼仪

窗口售票工作是直接与乘客接触的岗位，售票工作人员在售票过程中的服务礼仪是否到位，直接影响乘客对铁路服务工作的评价。

1）窗口售票工作人员上岗时应穿统一制服。制服要整洁、得体、规范；鞋袜、领带等要佩戴整齐；胸卡、肩章等服务标志要正确佩戴在指定位置。男性窗口售票工作人员不留长发、胡须，女性窗口售票工作人员发不过肩，不披头散发。

2）窗口售票工作人员坐姿应规范，售票时应用亲切、大小适中的声音向乘客问好，同时准确地为乘客售票。如遇售票高峰，应用简练的语言配合熟练的电脑操作，快捷而准确地售票，以减少乘客排队等候的时间。

3）售票时，应做到以下几点。

① 礼貌问候、耐心询问：售票时，要主动热情地问候乘客，并礼貌地询问乘客所要

购买车票的日期、车次、起始站，并加以确认；对乘客表达不清楚的地方，要耐心仔细地询问清楚，以免出错。

②稳妥出票：迅速查询票额情况，告知乘客票价，并经再次确认后出票，做到准确无误。

③礼貌告知、主动建议：如果乘客要购买的车票已经售完，应礼貌地告知乘客，并询问乘客是否需要其他车次的车票，也可视乘客情况为其提出建议。

④礼貌道别：将车票和余额礼貌地递给乘客，并与乘客道别。

⑤对反复问话、耽搁较多时间的乘客，不要表现出厌恶情绪，不能对乘客说"你到底买不买？不买别碍事！"或者说"没有了！卖完了！不知道"，这会给乘客留下极坏的印象。严禁与乘客发生口角，否则会对铁路企业形象带来严重损害。

4）如果乘客没听清自己所讲的话，应加大一点音量并稍加解释。如果听不清乘客所讲的话，可以把纸笔递给他，让他把相关要求写在上面，以免误售车票。

5）客流量较大、票额紧张、某车次车票已售完时，应替乘客着想，向乘客推荐其他车次，可对乘客说："对不起，××车次已售完，但去往北京方向的还有××次车，时间都差不多，您可以考虑一下。"或者说："对不起，去往北京方向的车票已全部售完，您可以选择在兰州中转。"

3. 车站引导服务工作人员服务礼仪

购票引导服务是一种为用户提供购票建议和指导的服务，以帮助乘客更轻松地完成购票流程。购票引导服务通常涵盖以下内容。

1）车次查询与比较：根据乘客需求，进行合适的车次查询，并进行比较，以便乘客选择最佳车次。

2）座位选择：根据乘客需求，提供不同座位类型、位置、价格等信息，以便乘客选择座位。

3）折扣优惠提示：根据乘客所购买的车票类型、时间等因素，提供相应的折扣、优惠活动信息，以帮助乘客节省购票费用。

4）确认订单信息：在乘客提交订单前，对订单信息进行核对，以确保订单无误。

5）退改签规则说明：为乘客介绍车票退、改、签规则及相关注意事项，以便乘客在需要时能够正确操作。

通过以上服务，能帮助乘客更快速、便捷地完成购票流程，同时带给乘客更好的购票体验。

4. 车站问讯处工作人员服务礼仪

1）当乘客询问时，应热情回答，并执行"首问负责制"，力求做到询问工作的善始善终。

2）当乘客来到面前，问讯处工作人员应面带笑容地正视乘客，并彬彬有礼地问上一句"您需要帮助吗？"这样，很快就会消除乘客的焦虑和不安的情绪，双方可在融洽的氛围中交流。如在路上遇到有人询问时，应停下脚步主动关切地问他"先生（女士），您有什么事需要我帮忙吗？"以示你的诚恳和亲切。

3）对于乘客的问题，不知道的事或拿不准的事不要信口开河、敷衍了事，此时，可向乘客说明："这个问题我不太明白，请您等一等，让我了解清楚，再告诉您好吗？"在询问服务中，应做到百问不厌，百问不倒，应积累丰富的知识，除熟练掌握本岗位业务知识外，还应多总结、积累和了解其他相关岗位业务知识，并对交通、旅游、购物、餐饮、住宿、医疗等延伸知识多收集、了解，这样才能解答乘客的各种问题。

4）问讯处是乘客求助中心，应采取"开放式"的设置，能面对面地与乘客交谈。乘客询问时，应面带微笑，双眼正视乘客，全神贯注地倾听，不要随意打断对方的问话，要让对方把话讲完。不要直接否定对方，更不能"抬杠"。如果没有听清乘客的问话时应说："对不起，请您再说一遍好吗？"

5）回答询问时，应使用普通话，声音适中，语气温和，耐心、准确地回答。同时，应注意对乘客一视同仁，不以貌取人，要以丰富的业务知识，用自己的热情、真诚来赢得每位乘客的信任。当乘客向你表示感谢时应微笑谦逊地回答："不用谢，这是我应该做的。"

6）如果有众多乘客询问，要从容不迫地一一作答。凡是答应乘客随后再作答复的事，一定要守信用，适时作出答复。

5. 候车室工作人员服务礼仪

候车室是乘客等候乘车的场所，昼夜都有大量的乘客进出，候车室工作人员必须为乘客创造一个整洁卫生、秩序良好的候车环境。

1）卫生宣传要讲究艺术，忌用警告的语言，例如，"根据××部门的规定，一不准……二不准……否则罚款"等。这种生硬的语气让人感觉很不舒服，甚至会使乘客产生逆反心理。

2）清扫卫生应把握好时机，应根据列车开、到时刻，在候车室内乘客较少时进行清扫工作，减少对乘客的干扰。清扫时态度应热情，语言表达上应该更多地体现出相互尊重、友好相处的意愿。例如，扫地需要乘客配合时，可以轻轻地说"对不起，请您抬一下脚"。扫地结束后，为感谢乘客的配合，应说"谢谢"。

3）候车室工作人员应为乘客指明确切的候车地点，按照"人坐两行，包摆一趟"（小件物品除外）的方法，安排乘客候车。

6. 检票口工作人员服务礼仪

一般情况下，始发列车在开车前40min开始检票，过路车在列车到站前20min开始检票。检票时应组织好检票秩序，提前在检票口挂出指示牌，并通过电子引导装置不间断显示，可采取提前检票、分段检票、分行检票等方式，组织乘客有序前行。

检票时，检票口工作人员应面带笑容向乘客点头，说一声"您好"或者说"您好，先生（女士），请您把车票打开"，并做到"一看、二唱、三下剪"，干净利落，有条不紊地进行操作。检票后，应主动把车票递到乘客手中，交还车票时可说："祝您旅途愉快"或"请您走好，再见"等。

如果几位乘客的车票全由一个人拿着，而这个人又走在最后面时，可委婉地说："请问你们几位的车票在谁那儿？别着急，让我先核对一下车票再走，好吗？"

当看到不是本次列车的乘客来检票时，可对乘客说："对不起，您的车票不是这趟车的，请您到×号候车室等待检票上车。"

检票停止后再有乘客赶来时，应委婉地制止他进站。同时，用和蔼亲切的语气耐心地安慰乘客："您别着急，您改乘××次列车同样可以到达，您可去售票处×号窗口办理改签手续。"

二、站台岗位服务礼仪基本要求

站台是车站服务的关键岗位之一，乘客在等车和上车时容易混乱，因此，站台服务要兼顾安全与礼仪，具体要求如下。

1）要及时指引验完票即将进入站台的乘客到达列车制定停靠的站台，以免乘客进错站台误车。

2）列车进站前要维持站台的秩序。按车厢的距离，安排好乘客排队等车，对个别不遵守秩序、插队或拥挤的乘客，应及时、礼貌地加以制止。

3）对没有站在安全线以外的乘客，要善意提醒他们站在安全线以外，以防出现安全事故。

4）列车进站时，站台岗位服务人员要足踏白线，面对列车驶入方向保持立正姿势，目视列车，以列车进入站台开始到列车停靠站台为止。姿势要求挺胸、收腹、两脚跟并拢，脚尖略分开，双手自然下垂。

5）列车员验票时，站台岗位服务人员要协助列车员做好排队验票、排队上车工作。

6）列车离开车站时，要足踏白线，目送列车驶出站台。

【拓展阅读】

老年乘客行动不便，兖州火车站温情服务受赞扬

某日，兖州火车站接铁路客服通知，K1983次列车上有一名老年乘客行动不便，需要车站提供轮椅协助老人出站。接到通知后，车站工作人员立即着手准备，在列车到站前就将轮椅推到站台上等候。11时03分，K1983次列车缓缓驶入兖州站。列车停稳后，工作人员立即来到该名乘客所乘坐的车厢门口，与列车乘务人员一起协力将老人搀扶到轮椅上。由于列车刚停稳，站台上上下车的乘客很多，如果推着老人在人流中穿行非常容易发生危险，车站工作人员先将老人用轮椅推到站台的中部，请老人耐心等候。待站台上大部分乘客离开后，这才推着轮椅将老人送出车站。对于车站的热情服务，老人非常感动，不住赞叹道："坐火车出门，啥都给想得这么全面，铁路部门服务真是太好了！"

请思考：铁路客运工作人员能得到乘客赞美的重要因素是什么？

三、出站服务礼仪基本要求

1）多数乘客刚下车时，很难辨别方位，客运服务人员应通过广播适时宣传引导。在站台、地道、天桥、出站口等处设置完善的引导装置，通过电子屏无声地引导乘客出站。

同时，客运服务人员应在乘客身边，随时为乘客指明出站方向，以保证快捷疏导。

2）发现无票人员想混出站时，不必大喊大叫或尖酸刻薄地训斥，也不能用手拉拽或推搡，可以用手或身体礼貌地挡住，声音平和、语气委婉地告诉乘客到补票处补票。

3）当发现乘客携带品有可能超重时，应主动走上前去，帮他抬着走，并唠家常式地说："先生（女士），您从哪里来？就您自己拿这个大包，可够重的。"然后，再切入主题："先生（女士），您拿的这个包好像超重了，我帮您拿去称一下重量，好吗？"如果确实超重了，应及时向乘客指出："您看，您的包都超过××千克了，应该补收运费。"

【拓展阅读】

服务乘客是我们的本职工作，提供乘客所需是我们的责任

某日中午，乘坐 G34 次列车的乘客蔡先生在德州东站下车，走到出站口才想起来行李箱落在车上了，箱子里有价值 3 万元的礼物。傍晚时分，蔡先生在客运服务人员张禄的帮助下顺利找回行李箱。

乘客朋友出门在外总免不了大包小包的旅行包，出去旅游还要带点当地特产、特色产品等，难免有粗心的乘客将物品遗落在车上。火车上人来人往，人员流动性大，大家不要忘记下车的时候带好自己的物品，乘务员每次到站都会多次提醒乘客。找回遗失物品的事件被宣传报道过很多次，拾金不昧的人越来越多，社会正能量越聚越多。

社会主义核心价值观包括富强、民主、文明、和谐的价值目标，自由、平等、公正、法治的价值取向，爱国、敬业、诚信、友善的价值准则，我们应该牢记于心，在日常生活中力所能及地去做。它不是高不可及的标准，我们心存善念的一举一动都是对社会主义核心价值观的诠释。铁路乘务员拾金不昧广受好评，不管是出于内心的道德准则还是外在因素的约束，乘务员都会尽心尽力将遗失物品物归原主。

做好事不难，难的是一辈子做好事。国庆黄金周期间，张禄为 15 名乘客找回遗失行李。大爱无言，微爱有形，流经不同山川，最后抵达的，却可能是同一方向，那些感动我们的事，把整个世界照耀得温暖光明。

【课后演练】热情相迎，真诚接站

1. 任务目的

掌握客运服务人员车站基本服务礼仪要求。

2. 任务内容

候车室里有一对老年乘客腿脚不方便，是第一次乘坐高铁。面对这样的乘客，客运服务人员要主动提供优质的服务。

3. 任务实施

1）六人一组，一人扮演车站客运服务人员，两人扮演老年乘客，其他两位扮演普通乘客，一人负责拍摄。班级分成若干组，分别进行演练并进行视频录制。

2）每个小组演示完后，同学进行点评，教师总结。

4. 任务总结

通过练习理解并掌握车站服务的内容，明白车站是铁路企业面向社会的一个"窗口"，客运服务人员在上岗时，应该做到精神饱满、仪容整洁、举止大方、服务规范、认真执行服务标准和作业程序，研究乘客需求，提高服务水平，让乘客有宾至如归的感觉，充分展示铁路职工的精神文明风貌。

第二节　列车服务礼仪

列车员是铁路客运列车工作人员，也称列车乘务员。列车员的工作职责有开关车门、打扫车内卫生，查验车票、核对铺位，提供舒适的乘车环境，维护车内公共秩序，并协助乘警保障乘客旅行安全。列车员的职业特点是：固定的工作模式、狭小的工作环境、不定时的饮食及在车上年复一年地工作、往返于同一条线路。

一、岗位职责

1）使用文明服务用语，做好开车前、运行中、到站前的各项宣传和站名预报工作。

2）做好清洁、检票、验票和上、下行包等工作，严禁乘客携带危险品、禁运物品和超限量物品上车。

3）严格执行运价政策和票据管理及应收报解制度，负责票据的领取、登记、发售和保管工作。

4）维护乘车秩序，爱护车内设施，保持车内清洁卫生，行车中积极配合驾驶员做好安全宣传工作。发生事故时，要及时抢救伤员，协助驾驶员做好有关工作。

5）遵守有关规定和运输纪律，服从管理，主动配合稽查人员做好客运检查工作。

二、列车服务规范

1. 车门立岗

举止：迅速打开车门，悬挂活动顺号牌，擦扶手，站立于车门一侧，面向乘客来的方向，迎接乘客上车。身体垂直与扶手保持平行，距离约30cm；立岗时，以迎宾礼仪姿势，右手握住左手背，紧贴腹部微提，两臂成弓形微突，里侧肩距扶手一拳之隔，面向乘客来的方向（根据车门与检票口的位置），左手接乘客车票，看票后用手示意"请上"。立岗要求精神饱满，面带微笑，扶老携幼。

用语：

1）您好，欢迎乘坐本次列车！

2）请大家排好队，先下后上，请把车票准备好，危险品请不要带上车。谢谢。

3）请上车！您的座（铺）位在前（中、后）部。

4）（老、幼、病、残、孕乘客上车时）您请先上车，行李我来帮您拿。请大家不要挤，让这位××先上，好吗？

5）（小朋友上车时）来，叔叔（阿姨）抱你上车。

6）前面到站×××，正点到××点××分，开车××点××分，停车××分。

2. 始发自我介绍

举止：双班列车员戴制帽，站在乘务室一头第三排座席处（硬卧为第三组铺位处），30°角侧面朝向长座席（铺位），头班列车员在前，二班列车员配合，立正姿势，开始介绍。介绍完毕后，退后两步，转身离位，回乘务室脱帽。

用语：乘客们，你们好，欢迎光临本次列车。这次旅行由我和对班随时服务在你们身边，我们将以优质的服务，来陪伴你们愉快的旅行（软卧增加：需要我为你们介绍房间的设备设施吗？），谢谢！

3. 整理车容

举止：整理行李架时，携带垫脚布，由乘务员室开始，先整理靠乘务室一侧，然后从另一侧向回整理。整理前应先征得乘客同意，并向乘客宣传，将怕压、易碎的物品和铁器、利器放在座（铺）位下面。整理时，将垫脚布平放在座席上，双脚踩在垫脚布中央，双手调整行包，做到大不压小，重不压轻，长横短竖，行包边缘与行李架平齐。每整理一处，同时整理窗帘、台布和毛巾绳。对于衣帽钩上挂的提包等其他物品要问明物主，动员其放在行李架或座席上。整理完后，要向乘客致谢。

用语：

1）乘客们，为了给大家创造一个安全舒适的旅行环境，现在开始整理车容，请大家予以协助，谢谢！

2）对不起，为了保证行李架上行李的稳固和整齐美观，我能为您整理吗？

请稍让一下，谢谢！对不起，请问衣帽钩上的提包是您的吗？

3）请把它拿下来，好吗？谢谢！

4）打扰一下，我整理一下窗帘，谢谢！

4. 开水供应

举止：供水时，开水壶应有套、有盖，携带开水桶，由电茶炉一头开始向另一头供应，并做到一不提，三不倒，即壶水太满不提，乘客拿杯不倒，过道岔弯道不倒，站不稳不倒。倒水时，右脚在前，左脚在后，侧面朝向乘客，双脚与肩同宽，右手提壶，左手接杯，杯柄朝着乘客，倒水的水量约七成满。左手将茶杯递给乘客，面带微笑，点头示意。

用语：

1）乘客们，现在我开始为大家倒开水，有需要喝水的乘客，请把茶杯准备好！

2）（壶里的水倒完了）对不起，请稍等一会儿，我灌满水后，继续为您倒水，行吗？

3）（乘客茶杯内没有茶叶）同志，需要放茶叶吗？

4）（杯内有半杯水）请问，需要加点热水吗？

5）（遇小朋友来倒水）小朋友，请回到座（铺）位上去，叔叔（阿姨）马上给你送水，好吗？

6）（对重点乘客）请您喝水，有需要我帮忙的，请随时与我联系。

7）（对正在看书、下棋的乘客）您好，打扰一下，需要喝水吗？

5. 去向登记

举止：单号车厢从 1 号座位开始，向末号座位方向验票登记，双号车厢从末号座位向 1 号座位方向登记。登记时要做到：问一个人，看一张票，登记一次。登记完后，再核对总人数是否相符。对重点乘客应主动询问是否有困难，尽力帮助解决，做好登记和交接工作。

用语：

各位乘客，为了防止您坐过站，下错车，现在开始登记大家的去向，请您协助，谢谢!

6. 途中清扫

举止：清扫作业时，应携带扫帚、簸箕、抹布，由乘务员室所在地向另一方清扫。清扫时，应先和乘客打招呼，慢慢向前清扫，注意清扫用具的拿放，不要触及乘客和行李物品。清倒果壳盘时，应带抹布、桶，套好垃圾袋，将果壳盘中的垃圾倒入桶内，并用抹布擦干净果壳盘，放回原处，并擦抹茶几。

用语：

1）对不起，打扰一下，请您把脚稍抬点，我清扫一下，谢谢!

2）我能为您清倒果壳盘吗?

3）打扰一下，我能为你们清扫（整理）一下床铺吗?

4）对不起，请帮忙拿一下茶几上的物品，让我为您擦抹茶几，谢谢!

5）对不起，请让一下，我把垃圾袋整理一下，谢谢。

7. 危险品宣传

举止：面向乘客站立，面带微笑，语速适中。

用语：

1）乘客们，为了保证大家的旅行安全，根据铁路客运规章的规定，禁止携带易燃易爆危险品上车。如果您不知道，已经把危险品带上了车，请您与我们联系，让我们帮您处理，并请大家配合我们做好检查工作，谢谢!

请问，这个包是哪位的? 能打开一下吗? 谢谢!

2）（无烟车厢宣传）乘客们，我们车厢是无烟车厢。为了您和他人的身体健康，请不要在车厢里吸烟，需要吸烟的乘客，请您到车厢两头的连接处去吸烟，谢谢您的配合!

8. 中途交接班介绍

举止：同始发自我介绍（卧铺车夜间不做）。

用语：

1）（交班）乘客们，列车前方到站是××车站，有到××车站下车的乘客，请做好准备。我就要下班了，现在由××××号列车员接班。我在当班其间，工作做得不够，请多提宝贵意见。乘客们，再见!

2）（接班）乘客们，你们好! 我开始接班了，大家在旅途中有什么困难，请随时与我联系，我一定在大家的支持下，努力做好服务工作，请大家多提宝贵意见。谢谢!

9. 安全宣传

举止：面向乘客，语速适中。

用语:

1)（硬座车）乘客们，现在是夜间行车。为了保证安全，请您把随身携带的行李物品检查一下，列车到站时，请看管好自己的物品，以免互相拿错。夜间下车的乘客，请注意我们的到站通告，不要坐过了站。

2)（硬卧车）乘客们，现在是夜间行车。为了保证大家休息，卧铺车22点将熄灯，并停止会客，请会客的同志回到自己车厢去。为了保证大家的安全，请不要躺在铺位上吸烟，贵重物品请妥善保管。

10. 车内重点服务用语

1)（对乘客的称呼）一般称乘客。根据不同的对象称为首长、领导（职称）、同志、老大爷、老大娘、先生、女士、小朋友等。

2)（对重点乘客）您好！这位老同志身体不好，能不能协助我们把座位调整一下？谢谢！

您好！我下班了，××号列车员接班，他/她会很好地照顾您的，再见！

3)（乘客晕车呕吐）请先漱漱口，我给您拿点药来。请休息一下，我来清扫！

4)（连接处站有乘客）您好，站在这儿不安全，容易挤伤手脚，请您到车厢里面去，好吗？

5)（对小朋友）小朋友，站在这儿不安全，叔叔（阿姨）带你到车厢里去，好吗？

6)（乘客携带行李较多，不愿意进入车厢）同志，您好！行李放在这里，影响乘客上下，也不安全，请您挪到车厢里面去，不方便的话，我来帮您拿，好吗？

7)（发现乘客手扶门缝）同志，请不要把手放在门缝里，以免挤伤，谢谢您的合作！

8)（到站前准备开车门）乘客们，请让一让，列车就要到站了，需要开这边的车门，谢谢！

11. 包房服务

举止：软卧列车员在服务中，需要进入包房时，先敲门，征得同意后再进入。离开包房时，要退出包房门后，再转身离去。作业时，要身态端正，步履轻盈，面带微笑。敲门时，右手微拳，中指敲门，声音适宜。

用语:

1)先生（女士），您好！欢迎您乘坐本次列车！您的铺位在×号房间×号铺！请！

2)对不起，打扰了。现在将进行乘车登记，请您出示证件，谢谢！先生（女士），您好！为了旅行的方便，我把包房的设备向您做简单的介绍……预祝您旅途愉快！

3)对不起，我能进房间整理一下窗帘吗？谢谢！

4)对不起，我能为您整理一下房间吗？谢谢！

12. 销售商品

举止：售货员着装整洁，挂牌服务，双手推车，慢慢前行。遇有乘客询问时，应停车主动介绍价格和相关情况。乘客购买的商品，售货员应主动放在乘客手中或放在小茶几上。

用语：您好！请问，您需要点什么？您请拿好！

13. 终到站

举止：面带微笑，保持良好的站立姿势，双手自然下垂，点头示意送客，特别要做好扶老携幼工作，并向乘客道别。

用语：再见！请慢走。

14. 终到站前锁卫生间

举止：站在车厢中部，面带微笑，声音响亮。

用语：各位乘客，列车前方就要到达××车站了。为了保证车站的卫生，列车上的卫生间将提前锁闭。需要使用卫生间的乘客请您提前使用，谢谢您的合作。

15. 特殊情况

（1）列车滞留晚点

举止：诚恳致歉，耐心解释，微笑服务。

用语：各位乘客，由于××原因，列车暂时晚点，给您造成不便，在这里，我代表铁路部门向大家道歉！

（2）中途停站通报

举止：硬座车厢站在第三排座位处，做好双边通告。

用语：各位乘客，列车就要到达××车站了，到站时间是××，停车×分。下车的乘客，请整理好自己随身携带的行李物品，做好下车准备。下车散步的乘客，请您注意车站的开车铃声，及时上车。

 【拓展阅读】

列车服务用语

"乘客们，你们好，我是西安站站长，由于火车晚点给您带来的不便，我代表铁路部门向您表示诚挚的歉意。"

"工作人员，候车乘客，你们好：长沙经由西安开往宝鸡方向的K897次列车今天晚点，大约晚点25分钟，请候车乘客不要远离车站，听候广播通知。有退票的乘客请您到退票窗口排队全额退票。"

"工作人员请注意：K897次列车开过来，请做好接车准备。"

"乘客朋友们，你们好，长沙经由西安开往宝鸡方向的K897次列车现在开始检票，请您到一楼第二候车室检票进站，二站台四道上车。"

"乘客朋友们，长沙经由西安开往宝鸡方向的K897次列车开车时间就要到了，没有上车的乘客请您抓紧时间检票进站。"

"乘客朋友们，你们好，欢迎您乘坐本次列车。本次列车都是无烟车厢，为了您和他人的健康，有吸烟的同志请您到车厢连接处，那里设有烟灰盒。请您将吸剩的烟头熄灭后扔进垃圾箱。"

"乘客朋友们，你们好，列车马上就要进站了，我们的工作人员将对车体进行清扫，请您将吃剩的果皮等放到盘子里。请您将不要的瓶子、报纸等放在桌子旁边，以便于列车员清理。当列车员清扫到您脚下时，请您将自己的行李物品、座位下的物品挪动一下，以便于我们的工作人员清扫。感谢您的配合！"

"乘客朋友们，你们好，宝鸡车站就要到了，请您携带好随身行李物品准备下车。感谢您乘坐本次列车，您乘坐本次列车就是对我们工作的大力支持，希望本次列车给您留下美好的回忆。最后，我代表本次列车祝大家身体健康，万事如意。"

**【拓展阅读】**

细微服务，温暖乘客

细微之处见真情，彰显铁路暖心服务。想民之所想，急民之所急，从细节着手，让乘客感受到铁路的贴心服务。

某日，由昆明铁路客运段高三队45组动车组担当的D3802次广州南开往大理的列车上，乘务员曹存燕巡视车厢过程中，在2车厢发现一位气喘吁吁的乘客。曹存燕上前询问得知，该乘客姓李，由于工作原因，长时间未得到休息，匆忙赶车，身体有些不适，曹存燕为了让乘客在旅途中能得到充分的休息，将此事报告给列车长叶大川，然后将乘客调至1车厢人少的区域，并给乘客准备了热水。到昆明站时，曹存燕见乘客有所好转，就劝导乘客，虽然工作重要，但是身体更重要，希望今后多多注意身体，到站后，曹存燕帮乘客提着行李送到站台上。

李先生对列车工作人员的服务表示非常感谢！说道："谢谢你们为我提供了帮助，旅途中为我增添了许多美好的记忆，为你们的服务点赞。"

【课后演练】温馨服务，一路相伴

1. 任务目的

掌握列车服务的标准与服务语言运用，进而提高自己的服务水平。

2. 任务内容

选择列车的服务点，结合服务标准与用语进行练习。

3. 任务实施

1）每四位学生为一组，确定几个服务点，并适当加入一些简单的剧情。之后，由一人扮演列车员，其他两人扮演乘客，进行表演，重点把几个服务接触点的服务标准和服务语言规范表现出来。一人拍摄。

2）每个小组演示完后，同学进行点评，教师总结。

4. 任务总结

随着我国经济的飞速发展，乘客对服务提出了更高的要求，为乘客提供舒适、温馨、高品质的服务，是乘客所期待的。作为一名列车乘务人员，要按照服务的标准与服务的语言要求去做，这是做好服务的基础。列车乘务员每天要面对形形色色的乘客，所以，在工作中难免遇到一些棘手的乘客及服务状况。列车乘务人员了解、掌握在为乘客服务时的"服务接触点""服务内容""服务标准"以及"服务话术"，可以有效地提高自己的服务水平。

复习思考题

一、填空题

1. 铁路车站客运服务人员是指车站在_____、_____、_____、_____等处为乘客提供服务、保障安全的工作人员，其主要工作职责是指客运服务人员对车站乘客_____、_____、_____、服务所承担的责任。

2. 如属于应没收的危险品，必须对乘客讲明道理并_____，避免乘客误解。

3. 列车员是铁路客运列车工作人员，也称_____。

二、选择题 （选择一个或几个正确答案，把选项填在括号中）

1. 出站服务礼仪要求：如发现无票人员想混出站时，（　　）地告诉他到补票处补票。

A. 大喊大叫或尖酸刻薄地训斥　　　　B. 使劲地拉拽或推搡

C. 语气委婉　　　　　　　　　　　　D. 语气不屑

2. 列车服务礼仪岗位服务人员要做到（　　　　）。

A. 维护乘车秩序　　　　　　　　　　B. 处理携带危险物品旅客

C. 对旅客提出罚款　　　　　　　　　D. 必要时采取相关措施

3. 铁路车站客运服务礼仪工作中不允许出现的行为是（　　　　）。

A. 态度和蔼　　　B. 面带笑容　　　C. 忽略一切请求　　　D. 精神饱满

4. 作为客运服务人员，要避免使用不良方式去对待前来询问的乘客，正确的服务表现是：（　　　　）。

A. 言谈措辞尖锐　　　　　　　　　　B. 缺乏耐心，无精打采打哈欠

C. 双手抱胸迎接　　　　　　　　　　D. 面带微笑询问旅客来意

5. 限制随身携带的物品中指甲油、去光剂累计不超过（　　　　）毫升。

A. 40　　　　　　　B. 30　　　　　　　C. 50　　　　　　　D. 20

三、判断题 （表述正确的在括号中画"√"，表述错误的在括号中画"×"）

1. 列车滞留晚点时要诚恳致歉，耐心解释，微笑服务。　　　　　　　　（　　　）

2. 终到站时无须管理自己的姿态及面部表情，简单与乘客道别即可。　　（　　　）

3. 进行检票工作时，一般情况下，始发列车在开车前 20min 开始检。　　（　　　）

4. 检查危险品，宣传工作最重要，这项工作需要乘客的配合才能完成。　（　　　）

5. 为创建铁路客运优质服务，提高铁路客运职工的综合素质，学习服务礼仪有着十分重要的意义。　　　　　　　　　　　　　　　　　　　　　　　　　　　　（　　　）

四、简答题

列车员的工作职责有哪些?

参 考 文 献

[1] 董正秀. 高速铁路客运服务礼仪 [M]. 北京：中国铁道出版社，2019.

[2] 石瑛. 铁路客运服务礼仪 [M]. 北京：人民交通出版社，2016.

[3] 王越. 铁路旅客运输服务 [M]. 北京：人民交通出版社，2015.

[4] 张岩松. 高铁客运服务礼仪与沟通 [M]. 北京：北京交通大学出版社，2022.